ratio

Band 27

CICERO
VOM WESEN DER GÖTTER

mit Briefen Senecas
und Begleittexten

bearbeitet von
Wolfgang Flurl
und Gerhard Jäger

C. C. Buchners Verlag · Bamberg

ratio

Lernzielbezogene lateinische Texte
Begründet von Erich Happ und Klaus Westphalen
Herausgegeben von Wolfgang Flurl und Gerhard Jäger

Ein ausführlicher Kommentar zu dieser Ausgabe
ist unter ISBN 3 7661 **5877** 5 lieferbar.

1. Auflage 1[4] [3] [2] 1994 93 92
Die letzte Zahl bedeutet das Jahr dieses Druckes.
Alle Drucke dieser Auflage sind, weil untereinander unverändert, nebeneinander benutzbar.

ISBN 3 7661 **5857** 0

Gesamtherstellung: Fränkischer Tag GmbH & Co. KG, Bamberg

Vorwort

Die vorliegende Ausgabe orientiert sich am Lehrplan für das vierte Kurshalbjahr des Leistungskurses Latein in Bayern mit dem Thema „Philosophie und Lebenspraxis". Sie folgt weitgehend dem in den „Handreichungen für den Lateinunterricht in der Kursphase der Oberstufe: Leistungskurs", Donauwörth 1984, S. 292—294, vorgeschlagenen Projekt C, dessen Absicht es ist, längere zusammenhängende Textabschnitte zu den Lernzielen und Lerninhalten des Lehrplans zu bieten, um so auch Gedankengang und literarische Gestalt der beiden Haupttexte deutlich werden zu lassen und eine sinnvolle Verbindung von Werklektüre und thematischer Lektüre zu ermöglichen.
‚De natura deorum' gilt mit Recht als ein besonders gehaltvolles Werk Ciceros, das zentrale Probleme aus mehreren Bereichen der Philosophie thematisiert und so eine Einführung in die Philosophie gut ermöglicht. Entsprechendes gilt für Senecas ‚Epistulae morales', die eine vielfach bewährte Schullektüre darstellen. Bei acht bis zehn Unterrichtswochen (= 40—60 Stunden) dürfte ein Großteil (etwa 75—80 %) der vorgeschlagenen Texte gelesen werden können. Die nicht gemeinsam im Original gelesenen Partien können in Form von Textreferat, Paraphrase oder Lehrerübersetzung einbezogen werden. Bei der Lektüre empfiehlt sich eine Durchnahme der Texte in der hier gebotenen Reihenfolge. Auf jeden Fall sollten wegen ihrer grundsätzlichen Bedeutung von Cicero zuerst das Proömium (nat. deor. 1,1 ff.), von Seneca zuerst ep. 89,9 und ep. 16 behandelt werden.
In der Gestaltung des Textes sind die Bearbeiter im wesentlichen für Cicero, De natura deorum, der Ausgabe von O. Plasberg — W. Ax, Leipzig ²1933, Nachdruck Stuttgart 1961 und 1980 (BT Bd. 45), für Seneca der Ausgabe von Reynolds, Oxford 1965, Nachdruck 1972, gefolgt, haben den Text jedoch in Großschreibung, Assimilation und Zeichensetzung sowie in der Übernahme sinnvoller Konjekturen für den Schulgebrauch adaptiert.
Der Sub-linea-Kommentar orientiert sich an der Wortkunde von Raab-Keßler, Bamberg 1976, und bietet die für die erste Sinnerfassung nötigen sprachlichen Erläuterungen. Dabei wurden für geläufige Typen der Wortbildung lediglich die Elemente deutlich gemacht (z. B. in-numera-bilis), wozu der Abschnitt „Wortbildung" im Anhang des Textbandes zu vergleichen ist.
Wörter, die zweimal oder öfter vorkommen, sind in der Regel nur beim ersten Vorkommen erläutert und — für Cicero und Seneca je eigens — in den Ergänzungswortschatz (W) aufgenommen, wo sie gelernt oder nachgeschlagen werden können. An den späteren Stellen wird bei diesen Wörtern durch W auf den Ergänzungswortschatz verwiesen.
Die Begleittexte sollen in erster Linie die Kontinuität wichtiger philosophischer Fragestellungen sichtbar machen, Vergleiche ermöglichen und wenigstens punktuell die Begegnung mit Aussagen weiterer bedeutender Philosophen ermöglichen.

Der Kommentarband ist für Schüler und Lehrer gedacht. Er enthält eine Einleitung zur Geschichte der Philosophie bei Griechen und Römern bis zu Cicero und Seneca. Sie ist als Einführung gedacht, kann aber dem Kollegiaten auch als Grundlage für Referate dienen sowie – neben der Namensliste und den Grunddaten – für den Erwerb eines sinnvollen Basiswissens.
Der Kommentar bietet vor allem sachliche, gelegentlich auch stilistische Erläuterungen und versucht, auf inhaltliche Beziehungen zwischen den Texten der Auswahl hinzuweisen. Bei Seneca schien angesichts des Mangels an wissenschaftlichen Kommentaren eine gewisse Ausführlichkeit sinnvoll.
Die angebotenen Aufgaben sind selbstverständlich nur Vorschläge, könnten aber vielleicht für Übungszwecke nützlich sein. Hinweise zur Literatur wurden eher sparsam gegeben und auf das beschränkt, was sich als wirklich hilfreich erwies.

Abkürzungen
(Gängige Abkürzungen wie gen. subi. usw. sind hier nicht aufgenommen.)

abs.	absolut(us)
akt.	aktivisch
alat.	altlateinisch
BT	Begleittext
Bü	Büchmann
Cic.	Cicero
Demin.	Deminutiv
im Dt.	im Deutschen
E	Einleitung
ep.	epistula(e)
erg.	ergänze
FW	Fremdwort
gnom.	gnomisch(es)
gr(iech.)	griechisch
h.	hier
HS	Hauptsatz
i. e.	id est
(in)dir.	(in)direkt(er)
intens.	verbum intensivum
intr.	intransitiv
ital.	italienisch
Komm.	Kommentar
Konj.	Konjunktiv
Luc.	Lucilius
n.	neutrum
nat. (deor.)	de natura deorum
nkl.	nachklassisch
obj.	objektiv
pass.	passivisch
pleon.	pleonastisch
poet.	poetisch
Pot.	Potentialis
präd.	prädikativ
Präd.-N.	Prädikatsnomen
röm.	römisch
sc.	scilicet
Sen.	Seneca
subj.	subjektiv
subst.	substantiviert
trans.	transitiv
t. t.	terminus technicus
übertr.	übertragen
unkl.	unklassisch
vgl.	vergleiche mit
W	Wortschatz
Wb	Wortbildung
~	entspricht ungefähr
/	Alternative zu
//	Gegensatz zu
<	entstanden aus
>	geworden zu
↗	vergleiche (in der vorliegenden Ausgabe)

Inhalt

Cicero, De natura deorum

Seneca, Epistulae morales

Begleittexte (BT)

CICERO, DE NATURA DEORUM

1. Cicero und die Philosophie

1.1 Sachliche Begründung des Themas (nat. 1, 1–5a)

1 Cum multae res in philosophia nequaquam satis adhuc explicatae sint, tum perdifficilis, Brute, quod tu minime ignoras, et perobscura quaestio est de natura deorum, quae et ad cognitionem animi pulcherrima est et ad moderandam religionem necessaria. De qua tam variae sunt doctissimorum hominum tamque discrepantes sententiae, ut magno argumento esse debeat causam esse et principium philosophiae inscientiam prudenterque Academicos a rebus incertis assensionem cohibuisse. Quid est enim temeritate turpius aut quid tam temerarium tamque indignum sapientis gravitate atque constantia quam aut falsum sentire aut, quod non satis explorate
2 perceptum sit et cognitum, sine ulla dubitatione defendere? Velut in hac quaestione plerique, quod maxime veri simile est et quo omnes duce natura venimus, deos esse dixerunt, dubitare se Protagoras, nullos esse omnino Diagoras Melius et Theodorus Cyrenaicus putaverunt. Qui vero deos esse dixerunt, tanta sunt in varietate et dissensione, ut eorum infinitum sit enumerare sententias. Nam et de figuris deorum et de locis atque sedibus et de actione vitae multa dicuntur, deque is summa philosophorum dissensione certatur; quod vero maxime rem causamque continet, utrum nihil

---

1 **cum** (+ Konj.: konzessiv) . . ., **tum** . . .: wenn auch . . ., so doch (besonders) . . . — **in philosophia**: Ersatz für das fehlende Adj. „philosophisch" — **per-difficilis** — **per-obscurus** ↗ W — **quaestio** Problem(kreis) ↗ W — **natura** h. Wesen ↗ W (Nr. 4) — **animi**: wohl gen. obi. — **religio** Götterverehrung ↗ W — **moderari** h. maßvoll gestalten — **de qua** (*quaestione*) — **discrepare** h. (einander) widersprechen — **argumento**: Dat. finalis — **esse debeat**: Subjekt dazu ist der Inhalt des HS (im Dt. „es"), d. h. die Vielfalt der Meinungen. — **in-scientia** — **Academici** die Akademiker — **assen-sio** (*assentiri*); *assensionem cohibēre ab alqa re*: sich im (zustimmenden) Urteil zurückhalten bei etw. — **temeritas** h. vorschnelles Urteil — **constantia** h. Konsequenz, folgerichtiges Verhalten ↗ W — **explorate** (Adv.): erforscht, sicher, deutlich ↗ W — **dubita-tio** das Zögern, Bedenken ↗ W

2 **velut** (rel. Satzverknüpfung): so z. B. — . . . **plerique, quod** . . . **venīmus, deos esse dixerunt** ~ *plerique dixerunt, quod verisimile est et quo* . . . *venimus*, (nämlich:) *deos esse* — **natura** h. natürliches Empfinden — **Protagoras**: sc. *dixit* — **Melius** von Melos — **Cyrenaicus** aus Kyrene — **dissen-sio** (*dissentire*) ↗ W — **nam** (bei Anführung von Beispielen): so etwa — **actio vitae** Lebensweise — **(de) īs** ~ *iis* n.; ↗ W — **rem causamque continere** Thema

agant nihil moliantur omni curatione et administratione rerum vacent, an contra ab iis et a principio omnia facta et constituta sint et ad infinitum tempus regantur atque moveantur, in primis magna dissensio est, eaque nisi diiudicatur, in summo errore necesse est
3 homines atque in maximarum rerum ignoratione versari. Sunt enim philosophi et fuerunt, qui omnino nullam habere censerent rerum humanarum procurationem deos. Quorum si vera sententia est, quae potest esse pietas, quae sanctitas, quae religio? Haec enim omnia pure atque caste tribuenda deorum numini ita sunt, si animadvertuntur ab is et si est aliquid a deis immortalibus hominum generi tributum; sin autem dei neque possunt nos iuvare nec volunt nec omnino curant nec, quid agamus, animadvertunt nec est, quod ab is ad hominum vitam permanare possit, quid est, quod ullos deis immortalibus cultus honores preces adhibeamus? In specie autem fictae simulationis sicut reliquae virtutes item pietas inesse non potest; cum qua simul sanctitatem et religionem tolli necesse est,
4 quibus sublatis perturbatio vitae sequitur et magna confusio; atque haud scio an pietate adversus deos sublata fides etiam et societas generis humani et una excellentissuma virtus iustitia tollatur. Sunt autem alii philosophi, et hi quidem magni atque nobiles, qui deorum mente atque ratione omnem mundum administrari et regi censeant, neque vero id solum, sed etiam ab isdem hominum vitae consuli et provideri; nam et fruges et reliqua, quae terra pariat, et

---

und Gegenstand der Auseinandersetzung betreffen, den Kern des Problems bilden — **moliri** h. bewegen, verursachen, (be)wirken — **cura-tio** (*curare*): Fürsorge, Vorsorge — **administrā-tio** Verwaltung, Leitung, Lenkung ↗ W; *administratio rerum* h. Lenkung der Welt — **in primis** ~ *imprimis* — **di-iudicare** entscheiden — **error** h. Ungewißheit — **ignora-tio**

3 **pro-cura-tio** ~ *curatio* ↗ 2 — **pietas** Frömmigkeit, frommer Sinn, Verantwortungsgefühl — **sancti-tas** Sittenreinheit, Frömmigkeit ↗ W — **religio** ↗ W — **castus** (*carēre*): rein, h. lauter ↗ W — **tribuere** h. entgegenbringen — **ita . . ., si** . . . nur dann, wenn; nur . . ., falls . . . — **per-manare ad** hinüberfließen zu, gelangen zu, einwirken auf — **cultus, -ūs** Kult, (kultische) Verehrung, (Gottes-)Dienst — **honor** Ehre, Ehrengabe, Verehrung — **adhibēre** (*alci alqd*): ~ *tribuere*; h. zukommen lassen, widmen — **species** h. (bloß äußerer) Anschein, Trugbild — **ficta simulatio** (pleon.): Verstellung, Schein; *simulationis*: Gen. d. Begriffsbestimmung — **sicut . . ., item . . . non** ebensowenig . . . wie — **perturba-tio** Verwirrung, Beunruhigung ↗ W — **confu-sio** (*confundere*): Verwirrung, Verunsicherung

4 **societas** (subj.): Gemeinschaftsgefühl — **una** (neben dem Superlativ pleon.): bei weitem — **et hi quidem** auch sie, und zwar ↗ W — **consulere et providere** (Synonymenhäufung): vorausschauend sorgen

tempestates ac temporum varietates caelique mutationes, quibus omnia, quae terra gignat, maturata pubescant, a dis immortalibus tribui generi humano putant, multaque, quae dicentur in his libris, colligunt, quae talia sunt, ut ea ipsa dei immortales ad usum hominum fabricati paene videantur. Contra quos Carneades ita multa disseruit, ut excitaret homines non socordes ad veri investigandi
5 cupiditatem. Res enim nulla est, de qua tantopere non solum indocti, sed etiam docti dissentiant; quorum opiniones cum tam variae sint tamque inter se dissidentes, alterum fieri profecto potest, ut earum nulla, alterum certe non potest, ut plus una vera sit.

1.2 Persönliche Begründung des Themas (nat. 1, 5b–12)

Qua quidem in causa et benevolos obiurgatores placare et invidos vituperatores confutare possumus, ut alteros reprehendisse paeniteat, alteri didicisse se gaudeant; nam qui admonent amice, docendi
6 sunt, qui inimice insectantur, repellendi. Multum autem fluxisse video de libris nostris, quos complures brevi tempore edidimus, variumque sermonem partim admirantium, unde hoc philosophandi nobis subito studium exstitisset, partim, quid quaque de re certi haberemus, scire cupientium; multis etiam sensi mirabile videri eam nobis potissimum probatam esse philosophiam, quae lucem eriperet et quasi noctem quandam rebus offunderet, desertaeque disciplinae et iam pridem relictae patrocinium necopinatum

---

tempestates (Plur.): Witterungserscheinungen — **tempus**: sc. *anni* — **varietas** h. Wechsel — **caelum** h. Klima — **pubēscere** (*pubertas*): reif werden; *maturata pubescunt* sie reifen rechtzeitig — **dīs** ~ *deis* ↗ W – **fabricati paene**: *paene* (geradezu) mildert die Metapher (kunstvoll gestalten) — **contra quos** (*philosophos*) — *ita multa disseruit, ut* . . . ~ *multa ita disseruit, ut* . . . — **so-cors** (< *se-cors*; *cor*): stumpf, träge; (*homines*) *non socordes* (einschränkend): soweit sie nicht . . .

5 **dis-sidēre** (*sedēre*): (einander) widersprechen — **alterum** . . . **alterum** ~ (verstärktes) *aut* . . . *aut* — **bené-volus** (*bene* + *velle*; *benevolentia*): wohlmeinend — **ob-iurga-tor** (*iurgare* schelten): Tadler, Kritiker ↗ Wb — **ínvidus**: Adj. zu *invidēre* — **confutare** zum Schweigen bringen, widerlegen — **admonēre** (abs.): h. Einwände vorbringen — **insectari**: intens. zu *insequi*

6 **multum**: zu *sermonem* — **fluere de** ausgehen von, sich knüpfen an — **libri nostri** ~ *libri Ciceronis* — **sermo** h. Äußerungen, Stimmen — **admirari** (+ indir. Fragesatz): sich (staunend) fragen — **quid** . . . **certi** welche sicheren Ergebnisse — **mira-bilis** ~ *admirabilis* — **alqd nobis** (~ *mihi*: dat. auct.) **probatur** etwas findet meinen Beifall — **offundere** (+ Dat.): darauf gießen; *noctem offundere alci rei* etw. in Dunkel hüllen — **disciplina** h. Lehre, Philosophenschule ↗ W — **relictus** h. unbeachtet, aufgegeben — **patrocinium** (*patronus*): Patronat, Verteidigung

a nobis esse susceptum. Nos autem nec subito coepimus philosophari nec mediocrem a primo tempore aetatis in eo studio operam curamque consumpsimus, et cum minime videbamur, tum maxime philosophabamur; quod et orationes declarant refertae philosophorum sententiis et doctissimorum hominum familiaritates, quibus semper domus nostra floruit, et principes illi Diodotus Philo An-
7 tiochus Posidonius, a quibus instituti sumus. Et si omnia philosophiae praecepta referuntur ad vitam, arbitramur nos et publicis et privatis in rebus ea praestitisse, quae ratio et doctrina praescripserit. Sin autem quis requirit, quae causa nos impulerit, ut haec tam sero litteris mandaremus, nihil est, quod expedire tam facile possimus. Nam cum otio langueremus et is esset rei publicae status, ut eam unius consilio atque cura gubernari necesse esset, primum ipsius rei publicae causa philosophiam nostris hominibus explicandam putavi, magni existimans interesse ad decus et ad laudem civitatis res
8 tam gravis tamque praeclaras Latinis etiam litteris contineri. Eoque me minus instituti mei paenitet, quod facile sentio, quam multorum non modo discendi, sed etiam scribendi studia commoverim. Complures enim Graecis institutionibus eruditi ea, quae didicerant, cum civibus suis communicare non poterant, quod illa, quae a Graecis accepissent, Latine dici posse diffiderent; quo in genere tantum profecisse videmur, ut a Graecis ne verborum quidem copia vin-

---

autem: Einleitung der Erwiderung — **nec-opinatus** (*opinari*): unerwartet, unvermutet; im Dt. Adv. — **philosophari** (*philosophus*): philosophieren, Philosophie treiben — **a primo tempore aetatis** ~ *ab adulescentia* — **declarare** h. zeigen, beweisen — **refertus alqa re** (*refercire* vollstopfen): erfüllt/voll von etw. — **familiaritas alcs** (*familiaris*): vertrauter Umgang mit, Bekanntschaft mit jd — **florere** (h. übertr.): glänzen, in Ansehen stehen — **princeps** h. Meister, führender Kopf, hervorragender Vertreter

7 **referri ad** h. sich beziehen auf, abzielen auf — **ratio et doctrina** Theorie und Lehre — **prae-scribere** vorschreiben, einschärfen — **litteris mandare** schriftlich abfassen, aufzeichnen — **expedire** h. erläutern, erklären — **otium** h. Mangel an politischen Aufgaben — **languēre** (*languidus*): schlaff sein, untätig sein — **Latinae litterae** lateinisch geschriebene Bücher — **continēri alqa re** enthalten sein/vorliegen in etw.

8 **discere** h. bekannt werden mit, kennenlernen (die philosophischen Probleme, die in Ciceros Werken behandelt werden) — **studia commovēre** Interesse wecken, Eifer entfachen — **institutiones** (*instituere* ↗ Wb) **Graecae**: (umfassender) Unterricht in griechischer Sprache (Literatur, Philosophie) — **cum (civibus)**: Präp. — **dif-fidere** (// *con-fidere*): mißtrauen, nicht glauben — **vidēri** h. meinen — **copia verborum** Fülle des Ausdrucks, Reichtum an sprachlichen Möglichkeiten

9 ceremur. Hortata etiam est, ut me ad haec conferrem, animi aegri-
tudo fortunae magna et gravi commota iniuria; cuius si maiorem
aliquam levationem reperire potuissem, non ad hanc potissimum
confugissem. Ea vero ipsa nulla ratione melius frui potui, quam si
me non modo ad legendos libros, sed etiam ad totam philosophiam
pertractandam dedissem. Omnes autem eius partes atque omnia
membra tum facillume noscuntur, cum totae quaestiones scribendo
explicantur; est enim admirabilis quaedam continuatio seriesque
rerum, ut alia ex alia nexa et omnes inter se aptae colligataeque
10 videantur. Qui autem requirunt, quid quaque de re ipsi sentiamus,
curiosius id faciunt, quam necesse est; non enim tam auctoritatis
in disputando quam rationis momenta quaerenda sunt. Quin etiam
obest plerumque iis, qui discere volunt, auctoritas eorum, qui se
docere profitentur; desinunt enim suum iudicium adhibere; id ha-
bent ratum, quod ab eo, quem probant, iudicatum vident. Nec vero
probare soleo id, quod de Pythagoreis accepimus, quos ferunt, si
quid affirmarent in disputando, cum ex iis quaereretur, quare ita
esset, respondere solitos „ipse dixit“; ipse autem erat Pythagoras:
tantum opinio praeiudicata poterat, ut etiam sine ratione valeret
11 auctoritas. Qui autem admirantur nos hanc potissimum discipli-
nam secutos, his quattuor Academicis libris satis responsum vide-
tur. Nec vero desertarum relictarumque rerum patrocinium susce-
pimus; non enim hominum interitu sententiae quoque occidunt, sed

---

9 **(animi) aegri-tudo** (*aeger*): (seelischer) Kummer, Leid ↗ W — **iniuriā fortunae commota** wegen des Schicksalsschlags — **leva-tio** Erleichterung, Linderung — **eā . . . ipsā** (*levatione*): zu *frui* — **per-tractare** umfassend behandeln, bearbeiten — **dedissem**: im Dt. weder Vorzeitigkeit noch Konj. — **partes . . . membra** h. Teilbereiche . . . Einzelfragen — **totae quaestiones** (↗ W): Problem(kreis)e in ihrem ganzen Umfang — **quidam** (bei Adj.): ganz (steigernd) ↗ W — **continuatio** (*continuus*) **seriesque rerum** (Hendiadyoin): durchgängiger Zusammenhang der Probleme — **alia**: Fem. (sc. *res*) — **nectere ex** verknüpfen mit (↗ FW Konnex) — **aptus** (*apio* ich verbinde): verbunden, zusammenhängend ↗ W — **col-ligare** ~ *ligare; aptus colligatusque*: Hendiadyoin („eng“ . . .)

10 **curi-osus** (*cura*; *curare*): neugierig, (über)eifrig ↗ W — **auctoritas** h. persönliche Überzeugungskraft, Autorität; // *ratio* (eigene) Einsicht — **momentum** (*movere*): (Beweg-)Grund — **qui profitentur se docere** (~ *doctores*): im Dt. nominal — **ratus** (h. pass.): ausgemacht, gültig ↗ W — **nec vero** und freilich/wirklich nicht ↗ W — **prae-iudicatus** vorher geurteilt; *opinio praeiudicata* Vorurteil

11 **disciplina** ↗ W — **quattuor Academici libri**: die vier Bücher der „Academica“ (philosophische Schrift Ciceros) — **desertarum . . . patrocinium** ↗ 6 — **hominum interitu**: im Dt. „wie Menschen“ (*interitu* pleon. neben *occidunt*)

lucem auctoris fortasse desiderant. Ut haec in philosophia ratio contra omnia disserendi nullamque rem aperte iudicandi profecta a Socrate, repetita ab Arcesila, confirmata a Carneade usque ad nostram viguit aetatem; quam nunc propemodum orbam esse in ipsa Graecia intellego. Quod non Academiae vitio, sed tarditate hominum arbitror contigisse. Nam si singulas disciplinas percipere magnum est, quanto maius omnis; quod facere is necesse est, quibus propositum est veri reperiendi causa et contra omnes philosophos
12 et pro omnibus dicere. Cuius rei tantae tamque difficilis facultatem consecutum esse me non profiteor, secutum esse prae me fero. Nec tamen fieri potest, ut, qui hac ratione philosophentur, hi nihil habeant, quod sequantur. Dictum est omnino de hac re alio loco diligentius, sed quia nimis indociles quidam tardique sunt, admonendi videntur saepius. Non enim sumus i, quibus nihil verum esse videatur, sed i, qui omnibus veris falsa quaedam adiuncta esse dicamus tanta similitudine, ut in is nulla insit certa iudicandi et assentiendi nota. Ex quo exsistit et illud, multa esse probabilia, quae quamquam non perciperentur, tamen, quia visum quendam haberent insignem et illustrem, his sapientis vita regeretur . . .

Gerade die gewaltigen Diskrepanzen, die zwischen den Gottesauffassungen der bedeutendsten Philosophen bestehen, bestärken Cicero in seinem Eintreten für den philosophischen Standpunkt der Akademiker (13–14).

---

lucem auctoris desiderant Es fehlt ihnen der Glanz, den eine einflußreiche Person vermittelt. — **ut** ∼ *velut* (↗ 2) — **in philosophia** ↗ 1 — **ratio** h. Methode — **aperte** offen, h. ohne Vorbehalt — **proficisci ab alqo** h. ausgehen von jd — **repetere** h. wieder aufgreifen — **vigēre** h. gelten, lebendig bleiben — **propémodum** (Adv.): ∼ *prope* (Adv.) — **orbus** beraubt, verwaist, h. ohne Anhänger — **tardi-tas** (↗ zu *tardus* 12) — **contigit** es kam, es ergab sich — **īs** ↗ W — **mihi propositum est** (*proponere*): ich habe mir vorgenommen, es ist mein Ziel

12 **profiteri** h. den Anspruch erheben — **sequi** (+ Akk.): h. ∼ *studere* (+ Dat.), // *con-sequi* — **prae se ferre** offen behaupten — **dicere omnino** h. sich grundsätzlich äußern; *dictum est* (erg. *mihi*: dat. auct.) — **in-doci-lis** (*docere*): unbelehrbar — **tardus** h. begriffsstutzig — **videntur** h. wohl, offenbar — **similitudine**: Abl. qual. zu *falsa quaedam* — **īs** ↗ W — **nota** Merkmal, Anzeichen, Kriterium — **exsistere** h. sich ergeben — **illud** (Vorbereitung des AcI): der Gedanke, Grundsatz, . . . — **quae quamquam non perciperentur, tamen . . . his . . . vita regeretur** i. e. *quibus, quamquam non perciperentur, . . . vita regeretur* — **proba-bilis** (*probare*): zu billigen, glaubhaft, wahrscheinlich — **percipere** h. (sicher) erkennen — **visus** (h. in obj. Bedeutung) **insignis et illustris** klare und deutliche Erscheinung/Gestalt

1.3 Anlaß und Situation des Gesprächs (nat. 1, 15–17)

15 Quod cum saepe alias, tum maxime animadverti, cum apud C. Cottam familiarem meum accurate sane et diligenter de dis immortalibus disputatumst. Nam cum feriis Latinis ad eum ipsius rogatu arcessituque venissem, offendi eum sedentem in exedra et cum C. Velleio senatore disputantem, ad quem tum Epicurei primas ex nostris hominibus deferebant. Aderat etiam Q. Lucilius Balbus, qui tantos progressus habebat in Stoicis, ut cum excellentibus in eo genere Graecis compararetur.
Tum, ut me Cotta vidit, „Peropportune", inquit, „venis; oritur enim mihi magna de re altercatio cum Velleio, cui pro tuo studio non est alienum te interesse."
16 „Atqui mihi quoque videor", inquam, „venisse, ut dicis, opportune; tres enim trium disciplinarum principes convenistis. M. enim Piso si adesset, nullius philosophiae, earum quidem, quae in honore sunt, vacaret locus."
Tum Cotta: „Si", inquit, „liber Antiochi nostri, qui ab eo nuper ad hunc Balbum missus est, vera loquitur, nihil est, quod Pisonem familiarem tuum desideres; Antiocho enim Stoici cum Peripateticis re concinere videntur, verbis discrepare; quo de libro, Balbe, velim scire, quid sentias."
„Egone?" inquit ille. „Miror Antiochum hominem in primis acutum non vidisse interesse plurimum inter Stoicos, qui honesta a commodis non nomine, sed genere toto diiungerent, et Peripateticos, qui

---

15 **quod** ~ *id* — **ac-cura-tus** (*curare*): sorgfältig, gründlich — **sane** (Adv., steigernd): ganz, recht, gewiß ↗ W — **disputatumst** (Aphaerese): ~ *disputatum est* — **feriae Latinae** das Latinerfest — **rogatū arcessitūque** (beides nur im Abl.; Hendiadyoin): auf ausdrückliche Einladung — **offendere** (+ präd. Part.): h. antreffen — **éxedra** (gr.): Gesellschaftsraum, Gesprächszimmer (mit im Halbrund angeordneten Sitzen; wörtl. „Heraus-sitz") — **primas** (erg. *partes*) **deferre alci** jd die führende Rolle zuweisen — **Epicurēi** die Epikureer — **ex nostris hominibus** ~ *inter Romanos* — **progressus**, **-ūs** (*progredi*): Fortschritt — **Stoica**, **-orum** stoische Philosophie — **genus** h. Gebiet, Bereich; Lehre — **per-opportunus** — **altercatio** (*alter*): Wortwechsel (der Parteien bzw. Gruppen), Disput (dazu: *cui . . . interesse*) — **prō** h. angesichts, entsprechend, bei — **studium** ↗ 8

16 **atqui** h. allerdings, gewiß — **disciplina** ↗ W — **princeps** ↗ 6 — **philosophia** h. ~ *disciplina* (↗ W) — **Peripatetici** die Peripatetiker — **con-cinere** (*canere*): übereinstimmen, harmonieren — **ego-ne**? ~ *quaeris(ne), quid ego sentiam*? — **in primis** ↗ 2 — **acutus** h. scharfsinnig — **honestum** h. das moralisch Gute — **commodum** h. der Nutzen; *commoda* h. die äußeren Güter — **(toto) genere** (Abl. d. Bez.): h. dem (ganzen) Wesen nach, qualitativ

honesta commiscerent cum commodis, ut ea inter se magnitudine
et quasi gradibus, non genere differrent. Haec enim est non verbo-
17 rum parva, sed rerum permagna dissensio. Verum hoc alias; nunc,
quod coepimus, si videtur."

„Mihi vero", inquit Cotta, „videtur. Sed ut hic, qui intervenit", me intuens, „ne ignoret, quae res agatur, de natura agebamus deorum, quae cum mihi videretur perobscura, ut semper videri solet, Epicuri ex Velleio sciscitabar sententiam. Quam ob rem", inquit, „Vellei, nisi molestum est, repete, quae coeperas."

„Repetam vero, quamquam non mihi, sed tibi hic venit adiutor; ambo enim", inquit arridens, „ab eodem Philone nihil scire didicistis."

Tum ego: „Quid didicerimus, Cotta viderit, tu autem nolo existimes me adiutorem huic venisse, sed auditorem, et quidem aequum, libero iudicio, nulla eiusmodi astrictum necessitate, ut mihi velim nolim sit certa quaedam tuenda sententia."

2. Darstellung des epikureischen Standpunkts

2.1 Kritik an den Theorien anderer Philosophen (nat. 1, 18–20)

18 Tum Velleius fidenter sane, ut solent isti, nihil tam verens, quam ne dubitare aliqua de re videretur, tamquam modo ex deorum concilio et ex Epicuri intermundiis descendisset: „Audite", inquit, „non futtilis commenticiasque sententias, non opificem aedificato-

---

magnitudo h. das Ausmaß; *magnitudine* (Abl. der Bez.): quantitativ — **gradibus** (Abl. der Bez.): h. in Abstufungen, graduell — **dissensio** ↗ W

17 **nunc** (erg. *agamus id*), **quod** . . . — **si videtur** wenn's recht ist — **inter-venire** h. hinzukommen — **sciscitari sententiam ex alqo** sich bei jd nach seiner Meinung erkundigen; *quae cum . . . videretur, . . . sciscitabar* ~ *de quā, cum (ea) . . . videretur, sciscitabar* . . . (Impf. „wollte eben . . .") — **adiū-tor** (*adiuvare*) — **arrīdēre** zulächeln, dazu/dabei lächeln — **Philo**: Philon (von Larisa) — **viderit** (Fut. II: ingressiv): er mag (zu)sehen — **nolo existimes** (Parataxe): ~ *noli existimare*; *nolo . . ., sed* (erg. *volo*) . . . — **audi-tor** — **aequus** h. unparteiisch — **libero iudicio**: Abl. qual. — **a(d)stringere** (vgl. *ob-stringere*): binden, verpflichten — **(sive) velim (sive) nolim** mag ich wollen oder nicht, wohl oder übel — **quaedam** ↗ W (*quidam*) — **tueri** h. eintreten für, verteidigen, vertreten

18 **fidenter** (Adv. des Part. von *fidere* ~ *confidere*): zuversichtlich, sclbstsicher — **sane** ↗ W — **isti**: i. e. *Epicurei* — **intermundia, -orum** (*inter* + *mundus*): Zwischenwelten, Intermundien — **fu(t)tilis, -a** (*fundere*?): unzuverlässig, wertlos — **commenticius** (*comminisci, commentus sum*: ↗ *mens, mentis*): erdacht, erfunden ↗ W — **opifex** (*opus* + *facere*): Handwerker, Urheber ↗ W — **aedifica-tor**

remque mundi Platonis de Timaeo deum, nec anum fatidicam Stoicorum Pronoeam, quam Latine licet Providentiam dicere, neque vero mundum ipsum animo et sensibus praeditum rotundum ardentem volubilem deum, portenta et miracula non disserentium

19 philosophorum, sed somniantium. Quibus enim oculis animi intueri potuit vester Plato fabricam illam tanti operis, qua construi a deo atque aedificari mundum facit? Quae molitio quae ferramenta qui vectes quae machinae qui ministri tanti muneris fuerunt? Quem ad modum autem oboedire et parere voluntati architecti aer ignis aqua terra potuerunt? Unde vero ortae illae quinque formae, ex quibus reliqua formantur, apte cadentes ad animum afficiendum pariendosque sensus? Longum est ad omnia, quae talia sunt, ut optata magis quam inventa videantur.

20 Sed illa palmaris, quod, qui non modo natum mundum introduxerit, sed etiam manu paene factum, is eum dixerit fore sempiternum. Hunc censes primis, ut dicitur, labris gustasse physiologiam, id est naturae rationem, qui quicquam, quod ortum sit, putet aeter-

---

Platonis de Timaeo deum Platons Gott aus dem ‚Timaios' — **fatí-dicus** (*fatum* + *dīcere*): schicksalkündend, weissagend, seherisch; *anus fatidica* altes Wahrsagerweib — **Pronoéa** (gr.) ~ **Providentia** (lat.): Vorsehung ↗ W — **neque vero** ↗ W — **rotundus** (*rota*): rund, h. kugelförmig — **volu-bilis** (*volvere*): drehbar, h. kreisend — **portentum** (*portendere* darreichen, prophezeien): (grauenhaftes) Wunder(zeichen), Mißgeburt ↗ W; *portenta et miracula* h. wunderliche Phantasieprodukte — **somniare** (*somnium*): träumen, faseln

19 **fábrica** (*fabricare*): Bau, Gestaltung ↗ W — **facere** (+ AcI pass.): h. lassen, (literarisch) darstellen — **molitio** (*moliri*): Ausrüstung, Vorrichtung — **ferramentum** (*ferrum*): (eisernes) Werkzeug — **vectis, -is** m. (*vehere*): Hebel — **munus** (h. ~ *opus*): Aufgabe, Unternehmen — **architectus** (gr.): Baumeister, Konstrukteur — **ortae** (erg. *sunt*) — **forma** h. Grundform, Urgestalt, Idealkörper — **cadere** h. auftreffen (auf die menschl. Sinnesorgane) — **afficere** h. affizieren, ansprechen, einwirken auf — **sensus** h. Sinneseindruck, Wahrnehmung; *sensūs párere*: Sinneseindrücke hervorrufen — **longum est** (erg. *respondēre* bzw. *dicere*: eingehen auf)

20 **illa** (sc. *sententia*) — **palmāris** (*palma* Palmzweig als Siegeszeichen): des Siegespreises würdig; *palmaris* (*est*): verdient den Siegespreis, ist der Gipfel (ironisch) — **intro-ducere** einführen (~ *facere* 19) — **eum** (*mundum*) — **censes . . .?** (unwillige Frage ohne Partikel): meinst du vielleicht? — **labrum** Lippe; *primis labris gustare* (sprichw.: *ut dicitur*): (nur) nippen an, (auch nur) oberflächlich/flüchtig kennenlernen — **physiológia** (gr.; lat. *naturae ratio*): „Physiologie", Naturphilosophie, Naturwissenschaft — **putet**: Konj. potential oder konsek.

num esse posse? Quae est enim coagmentatio non dissolubilis, aut quid est, cuius principium aliquod sit, nihil sit extremum? Pronoea vero vestra si eadem est, Lucili, requiro, quae paulo ante, ministros, machinas, omnem totius operis dissignationem atque apparatum; sin alia est, cur mortalem fecerit mundum, non, quemadmodum Platonicus deus, sempiternum.

Anschließend richtet Velleius an beide Gruppen – Platon und Stoiker – die Frage nach der Tätigkeit des göttlichen Wesens vor der Schaffung des Kosmos, nach seinen Motiven für dessen Einrichtung sowie nach dem Sinn der Annahme einer Kugelgestalt (21–24).
Schließlich wendet er sich der Darstellung und Kritik der Gottesvorstellungen zu, die von griechischen Philosophen des sechsten und fünften Jahrhunderts v. Chr. (den sog. Vorsokratikern) vertreten wurden (25–29).
Im folgenden geht Velleius auf Platon und weitere Sokratiker (Xenophon, Antisthenes), auf Platons Nachfolger in der Akademie (Speusipp, Xenokrates, Herakleides von Pontos) sowie auf Aristoteles und seine Schule der Peripatetiker (Theophrast, Straton) ein. Besonders scharfe Kritik erfahren sodann die Stoiker (Zenon, Ariston, Kleanthes, Persaios und Chrysipp). Ihre Ansichten werden ebenso wie die theologischen Thesen der griechischen Dichter als „Träumereien" eingestuft (30–42).

2.2 Existenz, Glückseligkeit und Ewigkeit der Götter nach Epikur

(nat. 1, 43–45)

43 Ea qui consideret quam inconsulte ac temere dicantur, venerari Epicurum et in eorum ipsorum numero, de quibus haec quaestio est, habere debeat. Solus enim vidit primum esse deos, quod in omnium animis eorum notionem impressisset ipsa natura. Quae est enim gens aut quod genus hominum, quod non habeat sine doctrina anticipationem quandam deorum, quam appellat πρόληψιν Epicurus, id est anteceptam animo rei quandam informationem, sine

---

coagmentatio (*co-agere*): Verbindung — **dis-solu-bilis** (*solvere*): auflösbar — **sit**: *esse* h. Vollverb — **extremum** (subst.): h. Ende — **Pronoea** ↗ 18 — **eadem**: erg. *ac* (wie) *Platonis deus* — **Lucili**: Vok. zu *Lucilius* (*Balbus*), ↗ 15 — **requiro, quae paulo ante** (sc. *requisīvi*), (nämlich) *ministros* ... — **dis-signa-tio** (*dis-signare*): Einrichtung, (An-)Ordnung — **ap-para-tus, -ūs** (*parare*): Zubereitung, Herstellung; Werkzeug — **alia** (*Pronoea*) — **cur**: (sc. *requiro*) *cur*

43 **ea**: Gemeint sind die Lehren der Philosophen vor Epikur. — **in-consulte** (*consulere*): unüberlegt, unbedacht — **primum** h. erstens (fortgeführt durch *illud etiam* § 44 Mitte) — **no-tio** (*noscere*): Vorstellung, Begriff ↗ W — **im-primere** (*premere*): einprägen — **genus** h. Rasse — **anticipa-tio** (*anticipare* ⟨ *ante* + *capere*; gr. πρόλη[μ]ψις/*prólēpsis*): Vorwegnahme, Vorbegriff — **ante-capere** vorwegnehmen, vorweg empfangen — **informa-tio** (*in-formare* ↗ 2, 13): „Abformung", Einprägung, Begriff (von)

qua nec intellegi quicquam nec quaeri nec disputari potest. Cuius rationis vim atque utilitatem ex illo caelesti Epicuri de regula et
44 iudicio volumine accepimus. Quod igitur fundamentum huius quaestionis est, id praeclare iactum videtis. Cum enim non instituto aliquo aut more aut lege sit opinio constituta maneatque ad unum omnium firma consensio, intellegi necesse est esse deos, quoniam insitas eorum vel potius innatas cognitiones habemus; de quo autem omnium natura consentit, id verum esse necesse est; esse igitur deos confitendum est. Quod quoniam fere constat inter omnis non philosophos solum, sed etiam indoctos, fatemur constare illud etiam, hanc nos habere sive anticipationem, ut ante dixi, sive praenotionem deorum (sunt enim rebus novis nova ponenda nomina, ut Epicurus ipse πρόληψιν appellavit, quam antea nemo eo verbo
45 nominarat) – hanc igitur habemus, ut deos beatos et immortales putemus. Quae enim nobis natura informationem ipsorum deorum dedit, eadem insculpsit in mentibus, ut eos aeternos et beatos haberemus. Quod si ita est, vere exposita illa sententia est ab Epicuro, quod beatum aeternumque sit, id nec habere ipsum negotii quicquam nec exhibere alteri, itaque neque ira neque gratia teneri, quod, quae talia essent, imbecilla essent omnia.

Si nihil aliud quaereremus, nisi ut deos pie coleremus et ut superstitione liberaremur, satis erat dictum; nam et praestans deorum

---

ratio h. Lehre — **vis** h. Bedeutung — **regula** (gr. κανών/*kanōn*): Richtschnur (des Denkens) — **iudicium** (gr. κριτήριον/*kritērion*): h. Urteilskriterium —**caelesti**: zu *volumine* — **volumen** (*volvere*): Buch(rolle), Schrift — **accipere** h. erfahren, kennenlernen

44 **iácere** (*fundamentum*): h. legen — **institutum** h. Brauch, Tradition — **opinio** h. Glaube (an die Götter) — **constituere** (*opinionem*): h. begründen — **consensio** ~ *consensus* — **īnsitus** (*in-serere*): eingepflanzt — **eorum**: zu *cognitiones* — **in-natus:** h. (in uns) entstanden, natürlich ↗ W — **cognitio** h. Vorstellung/Begriff (von) — **omnium natura** h. die allgemein verbreitete, natürliche Erkenntnis — **indoctus** h. (philosophischer) Laie — **illud etiam** führt *primum* aus 43 fort und bereitet den folgenden AcI vor — **anticipatio** ↗ 43 — **praenotio** Vorbegriff (*notio* ↗ 43) — **res novae** h. neue Gedanken — **nomina ponere** Bezeichnungen beilegen/schaffen/prägen — πρόληψιν/*prólēpsin* (↗ 43): gr. Akk. Fem. — **appellavit** (*eam rem*), **quam**

45 **hanc**: *praenotionem* — **igitur**: aufgreifend („wie gesagt") — **habemus**: statt obigem *nos habere* — **beatus** h. glückselig — **informatio** ↗ 43 — **in-sculpere** (*-psi, -ptum*): einmeißeln, einprägen (Skulptur) ↗ W — **vere** h. wahrheitsgemäß, richtig — **exhibēre** verursachen — **tenēri** h. sich bestimmen lassen — **quaerere** (*ut*): h. erstreben — **superstitio, -onis** Aberglaube ↗ W — **erat dictum**: im Dt. Konj. — **praestans** (*praestare*): vortrefflich, überlegen ↗ W

natura hominum pietate coleretur, cum et aeterna esset et beatissima (habet enim venerationem iustam, quidquid excellit), et metus omnis a vi atque ira deorum pulsus esset; intellegitur enim a beata immortalique natura et iram et gratiam segregari; quibus remotis nullos a superis impendere metus. Sed ad hanc confirmandam opinionem anquirit animus et formam et vitam et actionem mentis atque agitationem in deo.

Ausführlich begründet Velleius dann Epikurs Ansicht von der menschlichen Gestalt der Götter. Sie ist die denkbar schönste, und nur sie ist für ein Verstandeswesen angemessen. Jedoch ist die Gestalt der Götter nicht körperlich, sondern nur „körperähnlich". Erkannt werden kann sie – eher durch den Geist *(mens)* als durch die Sinne – aufgrund des ununterbrochen von den Göttern ausgehenden Flusses von „Bildern" *(imagines)*, die in uns die klare Vorstellung eines glückseligen und ewigen Wesens hervorrufen (46–50).

2.3 Physik, Theologie und Ethik bei Epikur (nat. 1, 50b–56)

50 Et quaerere a nobis, Balbe, soletis, quae vita deorum sit quaeque ab
51 is degatur aetas. Ea videlicet, qua nihil beatius, nihil omnibus bonis affluentius cogitari potest. Nihil enim agit, nullis occupationibus est implicatus, nulla opera molitur, sua sapientia et virtute gaudet, habet exploratum fore se semper cum in maximis tum in aeternis
52 voluptatibus. Hunc deum rite beatum dixerimus, vestrum vero laboriosissimum. Sive enim ipse mundus deus est, quid potest esse minus quietum quam nullo puncto temporis intermisso versari circum axem caeli admirabili celeritate: nisi quietum autem nihil beatum est. Sive in ipso mundo deus inest aliquis, qui regat, qui gubernet, qui cursus astrorum mutationes temporum rerum vicis-

---

venerationem habere: Umschreibung des Passivs von *venerari* — **iustam**: im Dt. Adverb („zu Recht") — **a** h. ausgehend von, vor; *a vi* . . .: Attribut zu *metus* — **se-gregare** (*grex*): trennen; *segregari a* h. unvereinbar sein mit — **impendēre**: noch abhängig von *intellegitur* — **anquirere** (< *amb-quaerere*): untersuchen, erforschen — **actio mentis** geistige Tätigkeit — **agita-tio** (*agitare*): Regsamkeit

50 **quae (vita)**: ~ *qualis* — **quae (aetas)**: ~ *quemadmodum* — **ab īs** ↗ W —
51 **ea**: *aetas* — **affluens, -ntis** (*ad+fluere*) **alqa re**: überfließend, reich an etwas — **agit** (erg. *deus*) — **occupa-tio, -onis** Beschäftigung — **im-plicatus** (*complecti*) **alqa re** verwickelt in etw. — **exploratum habēre** die Gewißheit haben
52 **rite** h. zu Recht, berechtigterweise — **dixerimus**: Pot. — **labori-osus** (*labor*): arbeitsreich, geplagt — **sive . . . sive** (Z. 5) . . . — **punctum temporis** „Zeitpunkt", Moment — **versari** h. sich drehen — **axis, -is** Achse — **muta-tio temporum** Wechsel der Jahreszeiten — **res** h. Naturerscheinung

situdines ordinesque conservet, terras et maria contemplans hominum commoda vitasque tueatur, ne ille est implicatus molestis
53 negotiis et operosis. Nos autem beatam vitam in animi securitate et in omnium vacatione munerum ponimus. Docuit enim nos idem, qui cetera, natura effectum esse mundum, nihil opus fuisse fabrica, tamque eam rem esse facilem, quam vos effici negetis sine divina posse sollertia, ut innumerabiles natura mundos effectura sit efficiat effecerit. Quod quia quem ad modum natura efficere sine aliqua mente possit non videtis, ut tragici poetae, cum explicare argumenti
54 exitum non potestis, confugitis ad deum. Cuius operam profecto non desideraretis, si immensam et interminatam in omnis partis magnitudinem regionum videretis, in quam se iniciens animus et intendens ita late longeque peregrinatur, ut nullam tamen oram ultimi videat, in qua possit insistere. In hac igitur immensitate latitudinum longitudinum altitudinum infinita vis innumerabilium volitat atomorum, quae interiecto inani cohaerescunt tamen inter se et aliae alias apprehendentes continuantur; ex quo efficiuntur eae

---

vicissitudo (*vicis*): Wechsel, Wiederkehr (im Wechsel) ↗ W; *vicissitudines ordinesque* (Hendiadyoin): geordneter Wechsel, regelmäßige Wiederkehr — **nē** (gr. Partikel der Versicherung): wahrlich, ja ↗ W — **implicatus** ↗ 51

53 **securi-tas** Sorglosigkeit, Sicherheit, Ruhe — **vaca-tio** Befreiung, Freisein — **ponere in alqa re** h. beruhen lassen auf / sehen in etw. — **natura** h. Naturkraft ↗ W — **fábrica** ↗ W — **tam . . . facilem, ut** . . . — **sollert-ia** (*sollers* geschickt): Geschick ↗ W — **in-numera-bilis** (*numerare*) ↗ W — **quod quia quemadmodum . . . non videtis** = *quia non videtis, quemadmodum natura id efficere possit* — **poeta tragicus** Tragödiendichter — **explicare exitum argumenti** die Verwicklung am Ende eines Dramas / des Gedankengangs lösen

54 **interminatus** (*terminare* < *terminus* Grenzstein, Grenze): unbegrenzt — **pars** h. Richtung; *in omnīs partīs* (zu *interminatam*): nach . . ., „allseitig" — **regiones** h. Weltraum — **in quam**: abh. von *se iniciens/intendens* — **(ita . . .) ut nullam tamen . . . videat**: im Dt. „ohne eine . . . zu sehen" — **se inicere** sich stürzen, (übertr.) sich versenken — **se intendere in alqd** h. sich richten auf etw., sich beschäftigen mit etw. — **peregrinari** (*peregrinus*): (durch)reisen, (durch)wandern — **ora** h. Grenze; *ora ultimi* (Gen. d. Begriffsbestimmung): eine in einem Äußersten bestehende Grenze — **in-sistere** stehenbleiben, haltmachen — **immensi-tas** (Unermeßlichkeit), grenzenloser Raum — **latitudinum, longi-tudinum, alti-tudinum**: im Dt. „an Breite . . ." — **volitare** (intens. zu *volare*): umherschwirren — **átomus** f. (gr.): Atom („unteilbar") ↗ W — **inter-icere** dazwischenschieben, einschalten — **inane** (subst.): das Leere, der leere Raum; *interiectō inanī*: abl. abs. (konzess.) — **co-haerescere** (*haerēre*) **inter se** sich aneinanderklammern — **apprehendere** ~ *comprehendere* — **continuari** (*continuus*): sich aneinanderreihen, sich zusammenballen

rerum formae et figurae, quas vos effici posse sine follibus et incudibus non putatis. Itaque imposuistis in cervicibus nostris sempiternum dominum, quem dies et noctes timeremus. Quis enim non timeat omnia providentem et cogitantem et animadvertentem et omnia ad se pertinere putantem curiosum et plenum negotii deum?
55 Hinc vobis exstitit primum illa fatalis necessitas, quam εἱμαρμένην dicitis, ut, quidquid accidat, id ex aeterna veritate causarumque continuatione fluxisse dicatis. Quanti autem haec philosophia aestimandast, cui tamquam aniculis, et his quidem indoctis, fato fieri videantur omnia? Sequitur μαντικὴ vestra, quae Latine divinatio dicitur, qua tanta imbueremur superstitione, si vos audire vellemus, ut haruspices augures harioli vates coniectores nobis essent colendi.
56 His terroribus ab Epicuro soluti et in libertatem vindicati nec metuimus eos, quos intellegimus nec sibi fingere ullam molestiam nec alteri quaerere, et pie sancteque colimus naturam excellentem atque praestantem.
Sed elatus studio vereor, ne longior fuerim. Erat autem difficile rem tantam tamque praeclaram incohatam relinquere; quamquam non tam dicendi ratio mihi habenda fuit quam audiendi."

3. Kritik der epikureischen Auffassung

3.1 Einleitung: Cottas Standpunkt (nat. 1, 57)

57 Tum Cotta comiter, ut solebat, „Atqui", inquit, „Vellei, nisi tu aliquid dixisses, nihil sane ex me quidem audire potuisses. Mihi enim non tam facile in mentem venire solet, quare verum sit aliquid

---

follis, -is m.: (lederner) Blasebalg — **incūs, -ūdis** (*in-cūdere* [darauf] schmieden; poet.): Amboß — **curi-osus** ↗ W

55 εἱμαρμένη/*heimarménē* ~ *fatalis necessitas* — **ut**: explikativ — **aeterna veritas** eine seit Ewigkeit gültige Wirklichkeit — **continuatio** (*continuari* 54): Fortsetzung, Zusammenhang; *causarum continuatio* lückenlose Kausalreihe, ununterbrochene Ursachenkette — **fluxisse ex** h. (Präs.) sich herleiten von — **anicula**: Demin. zu *anus* — **et his quidem** ↗ W — **sequi** h. sich anschließen, (damit) zusammenhängen — μαντική/*mantikḗ* ~ *divinatio*: Wahrsagekunst, Sehergabe — **imbuere** befeuchten, erfüllen — **superstitio** ↗ W — **haruspex, -icis** m.: Opferschauer, Eingeweideschauer ↗ W — **(h)aríolus** Wahrsager — **coniector** (*conicere*): h. t. t. Traumdeuter

56 **vindicare in libertatem** zur Freiheit führen, befreien — **sibi fingere** h. sich suchen, sich auftun — **molest-ia** — **naturam** (Wesen): *deorum* — **praestans** ↗ W — **elatus** h. hingerissen, begeistert — **incohatus** halbfertig, unabgeschlossen — **habere rationem** (+ Gen.): h. sein Interesse auf etw. richten, an etw. denken; **fuit**: Realis

57 **aliquid** h. etwas Nennenswertes, Beachtliches — **sane** ↗ W

quam quare falsum; idque cum saepe tum, cum te audirem, paulo ante contigit. Roges me, qualem naturam deorum esse dicam: nihil fortasse respondeam; quaeras, putemne talem esse, qualis modo a te sit exposita: nihil dicam mihi videri minus.

Bevor Cotta sich auf sachliche Kritik einläßt, macht er Velleius Komplimente für die Art seines Vortrags, bedauert aber seine Oberflächlichkeit in der gedanklichen Durchdringung. Freilich sieht sich Cotta nicht in der Lage, selber Besseres vorzubringen, da ihm eher Schwierigkeiten als Lösungen gegenwärtig sind (58–60a).

3.2 Kritik am Beweis für die Existenz der Götter (nat. 1, 60b–64a)

60 Roges me, quid aut quale sit deus: auctore utar Simonide, de quo cum quaesivisset hoc idem tyrannus Hiero, deliberandi sibi unum diem postulavit; cum idem ex eo postridie quaereret, biduum petivit; cum saepius duplicaret numerum dierum admiransque Hiero requireret, cur ita faceret, „quia, quanto diutius considero", inquit, „tanto mihi spes videtur obscurior". Sed Simoniden arbitror (non enim poeta solum suavis, verum etiam ceteroqui doctus sapiensque traditur), quia multa venirent in mentem acuta atque subtilia, dubitantem, quid eorum esset verissimum, desperasse omnem verita-
61 tem. Epicurus vero tuus (nam cum illo malo disserere quam tecum) quid dicit, quod non modo philosophia dignum esset, sed mediocri prudentia?

Quaeritur primum in ea quaestione, quae est de natura deorum, sintne dei necne sint. „Difficile est negare." Credo, si in contione quaeratur; sed in huius modi sermone et in consessu ⟨familiari⟩ facillimum. Itaque ego ipse pontifex, qui caerimonias religionesque publicas sanctissime tuendas arbitror, is hoc, quod primum est, esse

---

(*si*)**roges** . . ., **respondeam**: Pot., Parataxe; ebenso *quaeras* . . ., *dicam*

60 **roges**: ↗ 57 — **alqo auctore** (präd.) **uti** jd als Autorität folgen — **Simonides** (gr. Akk. *-en*): S. von Keos — **de quo cum** ~ *qui cum de* (=*ex*) *eo* . . . — **idem**: Akk. Sing. Neutr. — **postridie** (~ *postero die*): tags darauf — **biduum** (*bis*+*dies*): Zeit von zwei Tagen — **duplicare** (*duplex*) — **obscurus** h. unsicher, trüb — **suavis** h. liebenswürdig, gewinnend — **ceterōqui** im übrigen, sonst — **traditur**: erg. *fuisse* — **acutus** ↗ 16 — **subtilis** h. feinsinnig, geistreich — **desperare omnem veritatem** verzweifeln an jeder (Möglichkeit, die) Wahrheit (zu finden); hoffnungslos auf alle Wahrheit verzichten

61 **non modo . . . sed:** (h. negativ) ich will nicht sagen . . ., sondern (auch) nur . . . — **quaeritur** es stellt sich die Frage — **credo** (*difficile esse*), **si** . . . — **consessus, -ūs** (*considĕre*): Beisammensein, (Gesprächs-)Kreis — **ego ipse pontifex** . . ., **is** (präd.: in dieser meiner Eigenschaft als Priester) . . . — **caerimōnia** (wohl etruskisch): Kulthandlung, Zeremonie ↗ W — **religiones** ↗ W — **sanctus** h. gewissenhaft — **tueri** h. einhalten, beachten

deos, persuaderi mihi non opinione solum, sed etiam ad veritatem plane velim. Multa enim occurrunt, quae conturbent, ut interdum
62 nulli esse videantur. Sed vide, quam tecum agam liberaliter: quae communia sunt vobis cum ceteris philosophis, non attingam, ut hoc ipsum; placet enim omnibus fere mihique ipsi in primis deos esse. Itaque non pugno; rationem tamen eam, quae a te adfertur, non satis firmam puto. Quod enim omnium gentium generumque hominibus ita videretur, id satis magnum argumentum esse dixisti, cur esse deos confiteremur; quod cum leve per se, tum etiam falsum est. Primum enim unde tibi notae sunt opiniones nationum? Equidem arbitror multas esse gentes sic immanitate efferatas, ut apud eas
63 nulla suspicio deorum sit. Quid Diagoras, Atheos qui dictus est, posteaque Theodorus? Nonne aperte deorum naturam sustulerunt? Nam Abderites quidem Protagoras, cuius a te modo mentio facta est, sophistes temporibus illis vel maximus, cum in principio libri sic posuisset: „De divis neque ut sint neque ut non sint habeo dicere“, Atheniensium iussu urbe atque agro est exterminatus librique eius in contione combusti; ex quo equidem existimo tardioris ad hanc sententiam profitendam multos esse factos, quippe cum poenam ne dubitatio quidem effugere potuisset. Quid de sacrilegis,
64 quid de impiis periurisque dicemus? Non est igitur tam explorata ista ratio ad id, quod vultis, confirmandum, quam videtur.

---

ad veritatem gemäß dem wahren Sachverhalt — **con-turbare** (~ *turbare*): in (völlige) Unklarheit stürzen ↗ W — **nulli**: verstärkte Negation

62 **quam**: zu **liberaliter** (h. großzügig) — **agere** h. verfahren, úmgehen — **attingere** (~ *tangere*, h. übertr.): (eine Frage) behandeln — **ratio** h. Begründung, Beweis — **genus** h. Rasse ↗ 43 — **quod** (*enim*): wohl faktisch — **mihi ita videtur** h. ich vertrete diese Ansicht — **cur** h. dafür, daß . . . (bzw. zu + Inf.) — **immanitas** (*immanis*): Wildheit, Roheit — **efferatus** (*ferus*): verwildert, unkultiviert — **suspicio** h. Ahnung (von)

63 **quid?** (Vorbereitung der folgenden Frage): (und) wie steht es mit . . .? — **átheos** (gr.): gottlos, (subst.) Atheist — **Abdērītēs** (gr., Nom. Sg.; Gen. *-ae*): Abderite; (Mann) aus Abdéra (Stadt in Thrakien) — **nam . . . quidem** jedenfalls . . ., ja (doch) . . . — **mentionem facere alcs** jd erwähnen — **sophístēs** (gr., Nom. Sg.; Gen. *-ae*): Weisheitslehrer, Sophist — **sic ponere** h. „es so hinstellen“, die These aufstellen, behaupten — **divi** ~ *dei* — **habēre** h. wissen — **ager** h. Hinterland (der Stadt), Gebiet (das bestellt wird) — **exterminare** (*terminus*; ↗ 54 *interminatus*): verbannen, ausweisen — **comburere** ~ *urere*; *combusti* (*sunt*) — **ex quo** (*tempore*) — **tardus** h. vorsichtig, zurückhaltend — **dubita-tio** ↗ W — **sacrí-legus** (*sacrum* + *legere*; Sakrileg): Tempelräuber, Frevler ↗ W — **periūrus** (~ *is, qui per ius decipit; iurare*): meineidig — **quid dicemus** (h. ~ *dicamus*): . . . sollen . . .

64 **exploratus** ↗ W — **ratio** ↗ 62 — **velle** die These vertreten, behaupten ↗ W

3.3 Kritik an Epikurs Thesen zum Verhältnis von Physik, Theologie und Ethik (nat. 1, 67b–68)

Cotta bezweifelt nicht die Existenz der Götter; vielmehr äußert er Kritik an der von Velleius dargestellten Auffassung Epikurs von ihrem Wesen. Zunächst bestreitet er die Richtigkeit der von Leukipp und Demokrit stammenden, von Epikur übernommenen Theorie von Atomen und leerem Raum als Grundgegebenheiten der Welt (65–67a).

67 Concedam igitur ex individuis constare omnia; quid ad rem? Deo-
68 rum enim natura quaeritur. Sint sane ex atomis; non igitur aeterni. Quod enim ex atomis, id natum aliquandost; si natum, nulli dei, antequam nati; et si ortus est deorum, interitus sit necesse est, ut tu paulo ante de Platonis mundo disputabas. Ubi igitur illud vestrum beatum et aeternum, quibus duobus verbis significatis deum?

An diesem Befund ändert auch Epikurs These nichts, die Götter hätten keinen wirklichen Körper, sondern nur körperähnliche Gestalt; denn seine These von der menschlichen Gestalt und der „Körperähnlichkeit“ der Götter entbehrt nach Cotta jeder Grundlage und führt in unlösbare Aporien. Epikur habe an der These von der Existenz der Götter ohnehin nur festgehalten, um sich in Athen nicht dem Vorwurf der Gottlosigkeit auszusetzen (69–86).
Cotta kritisiert dann (87–110a) weitere Ungereimtheiten, die sich aus der Annahme einer menschlichen Gestalt der Götter ergeben.

3.4 Kritik an Epikurs Glückseligkeitsvorstellung (nat. 1, 110b–114)

110 Videamus nunc de beato. Sine virtute certe nullo modo; virtus autem actuosa; et deus vester nihil agens; expers virtutis igitur; ita

---

67 **in-dividuus, -a, -um** (*in+dividere*; Übers. von gr. ἄτομος/*átomos*): unteilbar ↗ W; *individuum* (subst.): Atom ↗ W — **quid ad rem** (*pertinet*)? ~ was besagt das schon? — **quaeritur alqd** etwas steht in Frage/zur Debatte (↗ 61)

68 **átomus** (gr.): ↗ W — **aliquandost** ~ *aliquando est* (↗ 15) — **nulli dei** (erg. *sunt*), **antequam nati** (*sunt*) — **ortus, -ūs** (*oriri*): h. Entstehung, Anfang — **interitus, -ūs** (*interire*) — **necesse est** + Konj.: er . . . muß (notwendigerweise) ↗ W — **disputare** h. in der Erörterung behaupten, erklären — **beatum** (subst.): Glück(seligkeit) — **verbum** h. Prädikat, Eigenschaft — **significare** h. kennzeichnen

110 **videre de** etwas betrachten/bedenken — **beatum** (↗ 68): d. h. der Gottheit — **sine virtute** (*beatum*) **certe nullo modo** (*est*) — **actuōsus** (*actus, -ūs* ⟨ *agere*): tätig, aktiv — **et** h. nun aber (im Untersatz eines Schlusses) — **nihil agens** (*est*) — **ita ne . . . quidem** h. folglich (↗ W) auch nicht . . .

111 ne beatus quidem. Quae ergo vita? „Suppeditatio“ inquis „bonorum
nullo malorum interventu“. Quorum tandem bonorum? Volupta-
tum credo, nempe ad corpus pertinentium; nullam enim novistis
nisi profectam a corpore et redeuntem ad corpus animi voluptatem.
Non arbitror te velle similem esse Epicureorum reliquorum, quos
pudeat quarundam Epicuri vocum, quibus ille testatur se ne intel-
legere quidem ullum bonum, quod sit seiunctum a delicatis et
obscenis voluptatibus; quas quidem non erubescens persequitur
112 omnis nominatim. Quem cibum igitur aut quas potiones aut quas
vocum aut florum varietates aut quos tactus, quos odores adhibebis
ad deos, ut eos perfundas voluptatibus? Ac poetae quidem nectar
ambrosiam epulas comparant et aut Iuventatem aut Ganymedem
pocula ministrantem, tu autem, Epicure, quid facies? Neque enim,
unde habeat ista deus tuus, video, nec quo modo utatur. Locupletior
igitur hominum natura ad beate vivendum est quam deorum, quod
113 pluribus generibus fruitur voluptatum. At has levioris ducis volup-
tates, quibus quasi titillatio (Epicuri enim hoc verbum est) adhi-
betur sensibus. Quo usque ludis? Nam etiam Philo noster ferre non
poterat aspernari Epicureos mollis et delicatas voluptates. Summa
enim memoria pronuntiabat plurimas Epicuri sententias is ipsis

---

111 **quae** (~ *qualis*) **ergo** (*est*) **vita** (*eius/dei*)? ↗ 50 — **suppedita-tio** (*suppeditare* zur Verfügung stellen, liefern): reicher Vorrat, Überfluß, Möglichkeit des (dauernden) Genusses (von) — **interventus, -us** (*intervenire*): Dazwischentreten, Störung — **nempe** doch wohl, und zwar — **ad corpus pertinens:** im Dt. Adj. (Das lat. Adj. *corporalis* wird erst später üblich.) — **novisse** h. anerkennen, gelten lassen — **redire ad** sich auswirken auf, (nur) betreffen — **pudeat** . . .: Iussiv — **voces** h. Äußerungen — **intellegere** h. als etwas ansehen/anerkennen — **ne . . . quidem** h. durchaus nicht — **se-iungere** trennen; *seiunctum esse ab* h. nichts zu tun haben mit — **obsc(a)enus** unanständig, schamlos (FW) — **erubēscere** (*ruber*): erröten — **pérsequi** h. durchgehen, aufzählen — **nominātim** (*nominare*): namentlich, ausdrücklich

112 **potio** (*potare* trinken): Trank, Getränk — **varie-tas** (auch Pl.) + Gen.: Abwechslung in, Vielfalt von — **tactus, -ūs** (*tangere*): Berührung, Reiz/Vergnügen (durch Berührung) — **adhibere ad alqm** beziehen auf jd, jd zuschreiben — **per-fundere** übergießen, ganz erfüllen mit — **nectar, -ris** n. (gr.): Nektar (Göttertrank) — **ambrósia, -ae** (gr.): Ambrosia (Götterspeise) — **Iuventas** (Personifikation): ~ *iuventus*; gr. Hḗbē — **Ganymēdes**: Mundschenk der Götter — **poculum** (*potare, potio*): Becher — **ministrare** (*minister*; *administrare*): besorgen, auftragen; h. kredenzen

113 **levis** h. unbedeutend, gering — **ducere**: h. m. dopp. Akk. — **titilla-tio** (*titillare* kitzeln) — **adhiberi** h. widerfahren, zuteil werden — **ludere** (abs.): sein Spiel treiben — **noster** h. mein Freund - **summus** h. ausgezeichnet; *summā memoriā*: Abl. causae — **pro-nuntiare** aussprechen, vortragen; h. zitieren

verbis, quibus erant scriptae. . . . Neque nunc reprehendo, quod ad voluptatem omnia referantur (alia est ea quaestio), sed doceo deos vestros esse voluptatis expertes, ita vestro iudicio ne beatos quidem.
114 „At dolore vacant.“ Satin est id ad illam abundantem bonis vitam beatissimam? „Cogitat“, inquiunt, „assidue beatum esse se; habet enim nihil aliud, quod agitet in mente.“ Comprehende igitur animo et propone ante oculos deum nihil aliud in omni aeternitate nisi „mihi pulchre est“ et „ego beatus sum“ cogitantem. Nec tamen video, quo modo non vereatur iste deus beatus, ⟨ne intereat,⟩ cum sine ulla intermissione pulsetur agiteturque atomorum incursione sempiterna cumque ex ipso imagines semper afluant. Ita nec beatus est vester deus nec aeternus.

3.5 Kritik an der faktischen Aufhebung der Religion durch Epikur

(nat. 1, 121b–124)

Nach Cottas Ansicht entziehen Epikurs Thesen jeder Religion die Grundlagen, insbesondere die These, die Götter kümmerten sich nicht um die Menschen. Das Gefühl der Verbundenheit *(gratia)* ist nicht eine Schwäche, sondern ein Vorzug, ja eine Stärke (115–120).

121 Epicurus vero ex animis hominum extraxit radicitus religionem, cum dis immortalibus et opem et gratiam sustulit. Cum enim optimam et praestantissumam naturam dei dicat esse, negat idem esse in deo gratiam: tollit id, quod maxime proprium est optimae praestantissimaeque naturae. Quid enim melius aut quid praestantius bonitate et beneficentia? Qua cum carere deum vultis, neminem deo nec deum nec hominem carum, neminem ab eo amari, neminem diligi vultis: ita fit, ut non modo homines a deis, sed ipsi dei inter se ab aliis alii neglegantur. Quanto Stoici melius, qui a vobis reprehenduntur: censent autem sapientes sapientibus etiam ignotis

---

114 **satin** ⟨ *satis-ne* — **bonīs:** Abl. von *bona* — **cogitat** (sc. *deus*: Wechsel des Numerus!) — **animo com-prehendere** sich denken/vorstellen — **aeterni-tas** — **intermissio** (*intermittere*) — **pulsare** (*pellere*): h. stoßen — **átomus** ↗ W — **in-cursio** (*currere*): Andrang, Aufprall — **a-fluere** wegströmen

121 **ex-trahere** — **radícitus** (Adv.; *radix*): „mit der Wurzel“, ganz und gar — **religio** ↗ W; h. das religiöse Gefühl — **opem** (Akk.): h. Hilfsbereitschaft — **gratia** Gefühl der Verbundenheit, Gunst — **praestans** ↗ W — **īdem** h. zugleich, dann wieder ↗ W — **boni-tas** 1. gute Beschaffenheit 2. (v. Pers.) Rechtschaffenheit, Herzensgüte — **beneficentia** (*bene* + *facere*; *beneficus* 122; *beneficium*): Wohltätigkeit — **velle** ↗ W — **melius** (Ellipse: erg. *volunt*)

esse amicos; nihil est enim virtute amabilius, quam qui adeptus erit,
122 ubicumque erit gentium, a nobis diligetur. Vos autem quid mali
datis, cum in imbecillitate gratificationem et benevolentiam poni-
tis! Ut enim omittam vim et naturam deorum, ne homines quidem
censetis, nisi imbecilli essent, futuros beneficos et benignos fuisse?
Nulla est caritas naturalis inter bonos? Carum ipsum verbum est
amoris, ex quo amicitiae nomen est ductum; quam si ad fructum
nostrum referemus, non ad illius commoda, quem diligemus, non
erit ista amicitia, sed mercatura quaedam utilitatum suarum. Prata
et arva et pecudum greges diliguntur isto modo, quod fructus ex is
capiuntur, hominum caritas et amicitia gratuita est; quanto igitur
magis deorum, qui nulla re egentes et inter se diligunt et hominibus
consulunt. Quod ni ita sit, quid veneramur, quid precamur deos, cur
sacris pontifices, cur auspiciis augures praesunt, quid optamus a
deis immortalibus, quid vovemus? „At etiam liber est Epicuri de
123 sanctitate.“ Ludimur ab homine non tam faceto quam ad scribendi
licentiam libero. Quae enim potest esse sanctitas, si dii humana non
curant, quae autem animans natura nihil curans? Verius est igitur
nimirum illud, quod familiaris omnium nostrum Posidonius dis-
seruit in libro quinto de natura deorum, nullos esse deos Epicuro
videri, quaeque is de deis immortalibus dixerit, invidiae detestan-
dae gratia dixisse; neque enim tam desipiens fuisset, ut homunculi
similem deum fingeret, lineamentis dumtaxat extremis, non habitu

---

amā-bilis — **ubi-cumque gentium** (~ *terrarum*)
122 **dare** h. verursachen, anrichten — **imbecilli-tas** (*imbecillus*): ↗ W — **gratificatio** (*gratificari* 123): Gefallen, Gefälligkeit — **bene-volentia** (↗ 1, 5 *benevolus*): Wohlwollen, Zuneigung, Sympathie — **ponere in alqa re** h. ansehen als etw. — **censetis . . . futuros fuisse**: Irrealis in der Abhängigkeit — **beneficus** (*bene* + *facere*): wohltätig ↗ W — **ducere ab/ex** ableiten von ↗ W — **referre ad** h. beziehen auf, beurteilen nach — **mercatura** (*merx*): Handel, Geschäft — **suus** h. persönlich — **pratum** Wiese — **arvum** Feld — **gratuītus** (*gratis*): unentgeltlich, uneigennützig — **deorum** (*caritas et amicitia*) — **inter se** sich gegenseitig — **ni** ~ *nisi* — **quid** h. wozu, warum — **sanctitas** ↗ W
123 **ludere alqm** sein Spiel treiben mit jd, jd an der Nase herumführen, verspotten — **facētus** geistreich, witzig — **līber ad licentiam scribendi** hemmungslos in der Willkür seiner Formulierungen — **sanctitas** ↗ W — **animans** beseelt, belebt; (subst.) Lebewesen ↗ W — **natura** h. (einzelnes Lebe-)Wesen ↗ W — **nimīrum** (Adv.; *mirus*): freilich, allerdings, zweifellos ↗ W — **detestari** (feierlich) ablehnen, sich verwahren (gegen) — **de-sipiens** // *sapiens* — **homun-culus** (Demin. zu *homo*): kleiner/schwacher Mensch — **lineamentum** (*linea*): 1. Linie, Strich 2. (Pl.) Umriß, Konturen — **dumtaxat** zumindest, wenn auch nur — **habitus** h. Gestalt; *non habitu solido*: ohne . . .

solido, membris hominis praeditum omnibus, usu membrorum ne minimo quidem, exilem quendam atque perlucidum, nihil cuiquam tribuentem, nihil gratificantem, omnino nihil curantem, nihil agentem. Quae natura primum nulla esse potest, idque videns Epicurus
124 re tollit, oratione relinquit deos; deinde si maxime talis est deus, ut nulla gratia, nulla hominum caritate teneatur, valeat – quid enim dicam „propitius sit"? Esse enim propitius potest nemini, quoniam, ut dicitis, omnis in imbecillitate est et gratia et caritas."

4. Kosmologie und Theologie der Stoiker

4.1 Einleitung und Disposition: Themen der stoischen Theologie

(nat. 2, 1–3)

1 Quae cum Cotta dixisset, tum Velleius: „Ne ego", inquit, „incautus, qui cum Academico et eodem rhetore congredi conatus sim. Nam neque indisertum Academicum pertimuissem nec sine ista philosophia rhetorem quamvis eloquentem; neque enim flumine conturbor inanium verborum nec subtilitate sententiarum, si orationis est siccitas. Tu autem, Cotta, utraque re valuisti; corona tibi et iudices defuerunt. Sed ad ista alias, nunc Lucilium, si ipsi commodum est, audiamus."

2 Tum Balbus: „Eundem equidem mallem audire Cottam, dum, qua eloquentia falsos deos sustulit, eadem veros inducat; est enim et

---

solidus fest — **membris . . . praeditum** (positive Aussage: „zwar", auf die eine einschränkende folgt: „aber"), **usu . . . ne minimo quidem** („ohne den geringsten . . .") — **exīlis** (vgl. *exiguus*): dünn, kümmerlich — **quidam** ↗ W — **per-lucidus** (*lucēre*): durchsichtig, leuchtend, klar ↗ W — **gratificari** (*gratus* + *facere*): einen Gefallen erweisen — **quae natura** ~ *qualis* (~ *talis*) *natura* — **nulla** ↗ 61 — **relinquere** h. bestehen lassen, beibehalten

124 **maxime** (zu *talis*): h. ungefähr — **gratia** ↗ 121 — **tenēri** h. bestimmt sein — **propitius** (*petere*): geneigt, gewogen — **esse in alqa re** h. beruhen auf etw.

1 **Cotta/Velleius** ↗ 1, 15 — **nē** ↗ W — **in-cautus** (*cavere*): sc. *sum* — **idem** ↗ W — **rhetōr, -oris** Redelehrer, Meister der Redekunst — **cón-gredi** h. sich in einen (Wort-)Streit einlassen — **in-disertus** unberedt, wortarm — **pertiméscere** (*-ui; timere*): in große Furcht geraten — **flumen inanium verborum** leerer Wortschwall — **con-turbare** ↗ W — **subtilitas sententiarum** Scharfsinn der Argumentation, scharfsinnige Argumentation/Gedanken — **sicci-tas** (*orationis*): Einfachheit, Dürftigkeit — **valēre alqa re** überlegen sein / den Sieg davontragen in etw. — **corona** die Zuhörer, Zuhörerschaft — **sed ad ista alias** (sc. *respondebo* bzw. *dicam*) — **Q. Lucilius Balbus** (↗ 2): ↗ 1, 15

2 **eundem** ↗ W; h. genauso, weiterhin — **dum** ~ *dummodo*

philosophi et pontificis et Cottae de dis immortalibus habere non errantem et vagam, ut Academici, sed, ut nostri, stabilem certamque sententiam. Nam contra Epicurum satis superque dictum est; sed aveo audire, tu ipse, Cotta, quid sentias."

„An", inquit, „oblitus es, quid initio dixerim, facilius me, talibus praesertim de rebus, quid non sentirem quam quid sentirem, posse
3 dicere? Quod si haberem aliquid, quod liqueret, tamen te vicissim audire vellem, cum ipse tam multa dixissem."

Tum Balbus: „Geram tibi morem et agam, quam brevissume potero; etenim convictis Epicuri erroribus longa de mea disputatione detracta oratio est. Omnino dividunt nostri totam istam de dis immortalibus quaestionem in partis quattuor. Primum docent esse deos, deinde quales sint, tum mundum ab his administrari, postremo consulere eos rebus humanis. Nos autem hoc sermone, quae priora duo sunt, sumamus; tertium et quartum, quia maiora sunt, puto esse in aliud tempus differenda."

„Minime vero", inquit Cotta; „nam et otiosi sumus et his de rebus agimus, quae sunt etiam negotiis anteponenda."

Die hier von Balbus genannten vier Themen der stoischen Theologie bestimmen die Gliederung des zweiten Buchs. Das erste Thema wird in 4–44 ausgeführt.

Balbus versucht zunächst (4–12) zu zeigen, daß es für die Existenz der Götter allgemein anerkannte Gründe gebe: 1. der Blick auf die Himmelserscheinungen erweise eine Gottheit mit herausragendem Verstand *(aliquod numen praestantissimae mentis)* als ihren Lenker (4 f.); 2. Die römische Geschichte kenne Beispiele persönlichen Eingreifens der Götter (6); 3. Die Möglichkeit der Weissagung *(divinatio)* spreche ebenfalls für die Existenz der Götter (7–12a). So sei die allen Menschen gemeinsame Überzeugung, daß Götter existieren, wohl begründet (12b).

Anschließend referiert Balbus die Gründe, mit denen die führenden Vertreter der Alten Stoa die Berechtigung dieser allgemeinen Überzeugung glaubten nachweisen zu können (13 ff.).

Cottae: „. . . eines (Mannes wie) Cotta" — **errans** (// *stabilis*): unstet — **vagus** unsicher, schwankend — **nostri:** i. e. *Stoici* — **certus** h. fest — **avēre** (*avidus*): begierig sein, gerne . . . mögen

3 **quod si** wenn nun, wenn aber ↗ W — **aliquid** ↗ 1, 57 — **liquet** (*liquidus*): es ist klar — **vicissim** (*vicissitudo* ↗ W): im Wechsel, zur Abwechslung; umgekehrt — **gerere morem alci** jd seinen Willen tun — **agere** (*de re* ↗ 3 Ende) — **disputa-tio** Erörterung — **longa . . . oratio** ~ h. *magna pars* — **de-trahere** wegnehmen; *detracta est* h. entfällt — **nostri:** *Stoici* — **quaestio** ↗ W — **sumere** h. (sich zur Behandlung vor)nehmen — **minime vero** keineswegs — **oti-osus** (*otium*)

4.2 Kleanthes' Thesen zur Existenz der Götter (nat. 2, 12b–15)

12 Itaque inter omnis omnium gentium summa constat; omnibus enim
13 innatum est et in animo quasi insculptum esse deos. Quales sint,
varium est, esse nemo negat. Cleanthes quidem noster quattuor de
causis dixit in animis hominum informatas deorum esse notiones.
Primam posuit eam, de qua modo dixi, quae orta esset ex praesen-
sione rerum futurarum; alteram, quam ceperimus ex magnitudine
commodorum, quae percipiuntur caeli temperatione fecunditate
14 terrarum aliarumque commoditatum complurium copia; tertiam,
quae terreret animos fulminibus tempestatibus nimbis nivibus
grandinibus vastitate pestilentia terrae motibus et saepe fremitibus
lapideisque imbribus et guttis imbrium quasi cruentis, tum labibus
aut repentinis terrarum hiatibus, tum praeter naturam hominum
pecudumque portentis, tum facibus visis caelestibus, tum stellis is,
quas Graeci κομήτας, nostri cincinnatas vocant, quae nuper bello
Octaviano magnarum fuerunt calamitatum praenuntiae, tum sole
geminato, quod, ut e patre audivi, Tuditano et Aquilio consulibus
evenerat, quo quidem anno P. Africanus, sol alter, exstinctus est,
quibus exterriti homines vim quandam esse caelestem et divinam
15 suspicati sunt; quartam causam esse eamque vel maximam aequa-
bilitatem motus ⟨constantissimamque⟩ conversionem caeli, solis
lunae siderumque omnium distinctionem utilitatem pulchritudi-

---

12 **inter omnīs** (erg. *homines*) **omnium gentium** — **summa** h. die Hauptsache — **in-natus** ↗ W — **in-sculpere** ↗ W

13 **varius** h. unterschiedlich (beurteilt) — **informare** (↗ 1, 43 *informatio*): einprägen ↗ W — **notio** ↗ W — **prae-sensio** (*prae-sentire* ↗ 45): Vorahnung ↗ W — **tempera-tio** richtige Mischung; *temperatio caeli* gemäßigtes Klima — **fecundi-tas** (*fecundus* fruchtbar): Fruchtbarkeit — **commodi-tas** (*commodus*): Bequemlichkeit, Annehmlichkeit ↗ W

14 **nimbus** Regen, Wolkenbruch — **grando, -inis** Hagel — **vasti-tas** (*vastus*): Verwüstung — **pestilentia** ~ *pestis* — **fremitus, -us** (*fremere*; sc. *terrae*): (unterirdisches) Dröhnen — **lapideus** (*lapis, lapidis*) — **gutta** Tropfen; *guttae imbrium* Regen — **labes, -is** (*labi;* sc. *terrarum*): Erdrutsch — **hiatus, -ūs** (*hiare* klaffen): Spalt, Öffnung — **praeter naturam** (Attr. zu *portentis*): widernatürlich — **portentum** ↗ W — **īs** ↗ W — **cincinnatus** gelockt; *stella cincinnata* (gr. κομήτης, Akk. Pl. -ας/*komētēs, -ās*): Komet („Haarstern") — **prae-nuntius, -a** (subst.): Vorbote — **geminatus** (*gemini*): verdoppelt; *sol geminatus* Doppelsonne — **ex-terrēre** ~ *perterrere*

15 **isque** (aufgreifend): und zwar ↗ W — **maximam**: zu *causam* — **aequabili-tas** (*aequa-bilis* ⟨ *aequare*): Gleichmaß: *aequabilitas motūs* gleichmäßige Bewegung — **conver-sio** (*vertere*). Umdrehung, Kreisbewegung — **distinc-tio** (*distinguere*); *distinctio* (*solis*) . . .: gesonderte Bahn (von)

nem ordinem, quarum rerum aspectus ipse satis indicaret non esse ea fortuita: ut, si quis in domum aliquam aut in gymnasium aut in forum venerit, cum videat omnium rerum rationem modum disciplinam, non possit ea sine causa fieri iudicare, sed esse aliquem intellegat, qui praesit et cui pareatur, multo magis in tantis motionibus tantisque vicissitudinibus, tam multarum rerum atque tantarum ordinibus, in quibus nihil umquam immensa et infinita vetustas mentita sit, statuat necesse est ab aliqua mente tantos naturae motus gubernari.

Nach Chrysipp ist für die Gotteserkenntnis entscheidend, daß bestimmte Naturerscheinungen nur durch eine Kraft verursacht sein können, die die Möglichkeiten des Menschen wesentlich übersteigt (16–19). Zenons wichtigstes Argument lautet, daß die Welt als „das Beste" über ein Höchstmaß an Vernunft verfügen und damit göttlich sein müsse (20–22).

4.3 Naturphilosophische Argumente zur Existenz der Götter

(nat. 2, 28–32)

Balbus führt sodann Argumente für die Göttlichkeit der Welt an, die aus der Beobachtung der Natur stammen *(rationes physicae, id est naturales)*. Das erste Argument geht aus von der These, Wärme *(calor)* wirke in den einzelnen Lebewesen sowie den Elementen der Welt als Ursache von Wachstum, Bewegung und Empfindung, also als Lebenskraft (23–27).

28 Ex quo concluditur, cum omnes mundi partes sustineantur calore, mundum etiam ipsum simili parique natura in tanta diuturnitate servari, eoque magis, quod intellegi debet calidum illud atque igneum ita in omni fusum esse natura, ut in eo insit procreandi vis et causa gignendi, a quo et animantia omnia et ea, quorum stirpes terra continentur, et nasci sit necesse et augescere.

---

fortuītus (*fors*): zufällig ↗ W — **gymnasium** (gr.): Gymnasium (= Sportplatz) — **cum videat**: Modusangleichung — **ratio** „Berechnung", h. planmäßige Einrichtung — **modus** h. geregelter Betrieb — **disciplina** Zucht, h. Ordnung — **mo-tio** (*movere*) — **vicissitudo** (*vicis*) ↗ W — **ordo** h. geregelter Ablauf — **vetus-tas** (*vetus*): hohes Alter, lange Zeit(dauer) — **mentiri** h. vortäuschen, (die Erwartungen) täuschen — **necesse est** + Konj. ↗ W.

28 **sustinēre** (unter)stützen, h. (im Bestehen) erhalten — **natura** h. (belebende Natur-)Kraft ↗ W (Nr. 1) — **diuturni-tas** — **eoque** und (dies) um so, und zwar um so . . . (↗ *isque* ↗ W) — **illud** . . . **igneum** (*ignis*): jener . . . feurige Stoff — **fundi in natura** (↗ W, Nr. 2): die Natur durchdringen, sich in der N. verbreiten — **pro-creare** (~ *creare*): zeugen, hervorbringen — **a quo** eine Kraft, von der aus . . . — **animans** ↗ W — **terrā continēre** in der Erde festhalten — **augéscere** (*augēre*): wachsen

29 Natura est igitur, quae contineat mundum omnem eumque tueatur, et ea quidem non sine sensu atque ratione. Omnem enim naturam necesse est, quae non solitaria sit neque simplex, sed cum alio iuncta atque conexa, habere aliquem in se principatum, ut in homine mentem, in belua quiddam simile mentis, unde oriantur rerum appetitus; in arborum autem et earum rerum, quae gignuntur e terra, radicibus inesse principatus putatur. Principatum autem id dico, quod Graeci ἡγεμονικὸν vocant, quo nihil in quoque genere nec potest nec debet esse praestantius. Ita necesse est illud etiam, in quo sit totius naturae principatus, esse omnium optumum omniumque
30 rerum potestate dominatuque dignissimum. Videmus autem in partibus mundi (nihil est enim in omni mundo, quod non pars universi sit) inesse sensum atque rationem. In ea parte igitur, in qua mundi inest principatus, haec inesse necessest, et acriora quidem atque maiora. Quocirca sapientem esse mundum necesse est, naturamque eam, quae res omnes complexa teneat, perfectione rationis excellere, eoque deum esse mundum omnemque vim mundi natura divina contineri.

Atque etiam mundi ille fervor purior perlucidior mobiliorque multo ob easque causas aptior ad sensus commovendos quam hic noster calor, quo haec, quae nota nobis sunt, retinentur et vigent.
31 Absurdum igitur est dicere, cum homines bestiaeque hoc calore teneantur et propterea moveantur ac sentiant, mundum esse sine sensu, qui integro et libero et puro eodemque acerrimo et mobilis-

---

29 **natura est** es gibt eine Naturkraft, eine natürliche Kraft, ein Wesen ↗ W (Nr. 1/3) — **et ea quidem** ↗ W — **sensus** h. Fähigkeit der Wahrnehmung — **natura** h. (einzelnes) Wesen ↗ W (Nr. 3) — **solitarius** (*sōlus*): für sich bestehend, isoliert — **simplex** h. aus einem einzigen Teil bestehend — **co-nectere** (~ *nectere*) ↗ 1, 9 ↗ W; *iuncta atque conexa*: Hendiadyoin — **principatus** (= gr. ἡγεμονικόν/hēgemonikón): h. leitendes Prinzip, bestimmende Kraft — **appetitus, -ūs** (*rerum*): Trieb, Verlangen — **et** (*earum rerum*): und überhaupt . . . — **praestans** ↗ W — **ita** ↗ W

30 **autem** nun aber (Beginn des Untersatzes) ↗ W — **principatus** ↗ 29 — **et quidem** und zwar — **acer** h. scharf ausgeprägt, intensiv; *acriora atque maiora*: präd. — **quocirca** ~ *quare* ~ *ideo* — **perfec-tio** (*perficere*) — **deum**: Präd.-N. — **contineri alqa re** beschlossen liegen in / beruhen auf etw. — **fervor** (*fervēre*): Glut, Wärme — **per-lucidus** ↗ W; *perlucidior . . . aptior* (erg. *est*) — **commovēre sensūs** Sinneswahrnehmungen hervorrufen, die Bewußtseinstätigkeit anregen — **hic noster calor** die Wärme in unserer (unmittelbaren) Umgebung — **retinere** ~ *sustinere* ↗ 28

31 **tenere** ~ *sustinere* 28 — **qui** (zu *mundus*) — **integer** rein, lauter — **eodemque** ↗ W (*idem*) — **acer** ↗ 30

simo ardore teneatur, praesertim cum is ardor, qui est mundi, non agitatus ab alio neque externo pulsu, sed per se ipse ac sua sponte moveatur; nam quid potest esse mundo valentius, quod pellat atque moveat calorem eum, quo ille teneatur?

32 Audiamus enim Platonem quasi quendam deum philosophorum; cui duo placet esse motus, unum suum, alterum externum, esse autem divinius, quod ipsum ex se sua sponte moveatur, quam quod pulsu agitetur alieno. Hunc autem motum in solis animis esse ponit, ab isque principium motus esse ductum putat. Quapropter quoniam ex mundi ardore motus omnis oritur, is autem ardor non alieno impulsu, sed sua sponte movetur, animus sit necesse est; ex quo efficitur animantem esse mundum.

Atque ex hoc quoque intellegi poterit in eo inesse intellegentiam, quod certe est mundus melior quam ulla natura. Ut enim nulla pars est corporis nostri, quae non minoris sit, quam nosmet ipsi sumus, sic mundum universum pluris esse necesse est quam partem aliquam universi. Quod si ita est, sapiens sit mundus necesse est, nam ni ita esset, hominem, qui esset mundi pars, quoniam rationis esset particeps, pluris esse quam mundum omnem oporteret.

Auch aus der Stufenfolge des Seienden – dies ist das dritte naturphilosophische Argument – läßt sich nach Ansicht der Stoiker ein Beweis für die Göttlichkeit der Welt – und damit für die Existenz eines göttlichen Wesens – gewinnen: Die unterste Stufe bildet die bewegungslose Materie, die nächste Stufe die von Wachstum und Leben gekennzeichneten Pflanzen; die Tiere stellen aufgrund von Sinneswahrnehmung, Streben nach dem Nützlichen und Meiden des Schädlichen eine weitere Stufe dar. Wiederum höher steht aufgrund seines Verstandes der Mensch. Es liege nun nahe – so argumentiert Balbus – eine weitere Seinsstufe mit vollkommenem Erkenntnisvermögen und vollkommener Weisheit anzunehmen und sie im Weltall als göttlichem Wesen zu erkennen (33–39a). Auch den Gestirnen wird – vor allem aufgrund ihrer Feuernatur – göttliches Wesen zuerkannt (39b–44).

---

esse + Gen.: h. angehören, gehören zu — **agitare** (~ *movēre*): h. in Bewegung setzen — **pulsus, -us** (*pellere*; *pulsare*): (An-)Stoß — **valens** (*valēre*): kraftvoll, stark — **pellere** einen Anstoß geben — **movere** in Bewegung setzen

32 **enim** h. zum Beispiel, etwa (↗ *nam* 1, 2) — **placet alci** es ist jds Ansicht/Meinung — **suus** h. selbständig, aus eigener Kraft, Eigen- — **externus** von außen (kommend), Fremd- — **pulsus** ↗ 31 — **agitare** ↗ 31 — **animus** h. Seele — **ponere** h. den Satz/die Behauptung aufstellen ↗ 1, 63 — **īs** ↗ W — **ducere ab** ↗ W — **quapropter** ~ *itaque* — **im-pulsus** ~ *pulsus* 31 — **necesse est** (+ Konj.) ↗ W — **efficere** h. beweisen, dartun, schließen (philos. t. t.) ↗ W; *éffici* h. folgen, sich ergeben — **animans** ↗ W — **atque** (Anfügung eines weiteren Arguments): ferner — **ex hoc quoque . . ., quod . . .**: auch aus dém Umstand . . ., daß . . . — **in eo** ~ *in mundo* — **intellegent-ia** (*intellegere*): Denkkraft — **natura** h. Einzelwesen ↗ W (Nr. 3) — **quod si** ↗ W

4.4 Die göttlichen Eigenschaften des Kosmos (nat. 2, 45)

Die Kapitel 45–72 sind dem zweiten Thema der stoischen Theologie gewidmet: den Eigenschaften der Götter, vor allem denen des Kosmos als göttlichen Wesens:

45 Restat, ut, qualis eorum natura sit, consideremus; in quo nihil est difficilius quam a consuetudine oculorum aciem mentis abducere. Ea difficultas induxit et vulgo imperitos et similes philosophos imperitorum, ut nisi figuris hominum constitutis nihil possent de dis immortalibus cogitare; cuius opinionis levitas confutata a Cotta non desiderat orationem meam. Sed cum talem esse deum certa notione animi praesentiamus, primum ut sit animans, deinde ut in omni natura nihil eo sit praestantius, ad hanc praesensionem notionemque nostram nihil video, quod potius accommodem, quam ut primum hunc ipsum mundum, quo nihil excellentius fieri potest, animantem esse et deum iudicem.

Der Kosmos besitzt nach stoischer Lehre auch Wahrnehmungsvermögen, Verstand und Vernunft; er hat die Gestalt einer Kugel (46–49a). In diesem Zusammenhang werden die bewundernswerten Bahnen der Gestirne thematisiert und als Werk eines ordnenden Verstandes begriffen. Den Gestirnen selbst werden ähnliche göttliche Eigenschaften zugeschrieben wie dem Kosmos im ganzen (49b–59).

4.5 Götter des Volksglaubens und religiöse Grundbegriffe in allegorischer Deutung (nat. 2, 70–72)

Im folgenden werden die Eigenschaften der Götter des Volksglaubens allegorisch gedeutet. Dabei werden ihre Namen mit natürlichen Kräften in Verbindung gebracht, um so die Götter als Naturerscheinungen zu erklären, z. B. *Iuppiter* als *iuvans pater, Neptunus a nando, Ceres tamquam geres, qui magna verteret Mavors, Minerva autem, quae minueret vel minaretur* u. ä. (60–69). Diese Erklärungen sind jedoch aus heutiger Sicht sprachwissenschaftlich nicht zu halten.

---

45 **natura** ↗ W (Nr. 4) — **consuetudo oculorum** die vertrauten optischen Eindrücke — **acies, -ei** Sehkraft; *acies animi* Scharfsinn — **imperitorum:** zu **similes** — **figuris hominum constitutis** „nach Aufstellung der Gestalten von M.", in menschlicher Gestalt — **levitas** Leichtfertigkeit, Unhaltbarkeit; *opinionis levitas* unhaltbare Ansicht — **confutare** widerlegen ↗ 1, 5 — **notio** ↗ W — **prae-sentire** — **animans** ↗ W — **(in omni) natura** ↗ W (Nr. 3) — **praestans** ↗ W — **praesen-sio** (*praesentire*) ↗ W — **accommodare** h. ~ *ad-iungere*

70 Videtisne igitur, ut a physicis rebus bene atque utiliter inventis tracta ratio sit ad commenticios et fictos deos? Quae res genuit falsas opiniones erroresque turbulentos et superstitiones paene aniles. Et formae enim nobis deorum et aetates et vestitus ornatusque noti sunt, genera praeterea coniugia cognationes, omniaque traducta ad similitudinem imbecillitatis humanae. Nam et perturbatis animis inducuntur: accepimus enim deorum cupiditates aegritudines iracundias; nec vero, ut fabulae ferunt, bellis proeliisque caruerunt, nec solum ut apud Homerum,cum duo exercitus contrarios alii dei ex alia parte defenderent, sed etiam, ut cum Titanis, ut cum Gigantibus, sua propria bella gesserunt. Haec et dicuntur et creduntur
71 stultissime et plena sunt futtilitatis summaeque levitatis. Sed tamen īs fabulis spretis ac repudiatis deus pertinens per naturam cuiusque rei, per terras Ceres, per maria Neptunus, alii per alia, poterunt intellegi, qui qualesque sint quoque eos nomine consuetudo nuncupaverit. Quos deos et venerari et colere debemus. Cultus autem deorum est optumus idemque castissimus atque sanctissimus plenissimusque pietatis, ut eos semper pura integra incorrupta et mente et voce veneremur. Non enim philosophi solum, verum etiam
72 maiores nostri superstitionem a religione separaverunt. Nam qui

---

70 **ut**: mit indir. Fragesatz — **physicus**: die Natur (gr. *phýsis*) betreffend, natürlich; h. naturphilosophisch, naturwissenschaftlich — **bene et utiliter** zu Recht und nützlicherweise — **invenire** h. herausfinden — **trahere ab . . . ad . . .**: abziehen (abbringen) von . . . und hinlenken zu . . . — **ratio** h. das Denken — **commenticius** ↗ W — **turbulentus** (*turbare*): h. verwirrend — **superstitio** ↗ W; Pl.: abergläubische Vorstellungen, Formen des Aberglaubens — **anīlis** (*anus*): altweiberhaft — **vestītus, -ūs** (*vestire*): ~ *vestis* — **co-gna-tio** (*nasci*): Verwandtschaft — **tra-ducere** übertragen; *traducta* (*sunt*) — **ad similitudinem** nach dem Vorbild/Beispiel — **imbecilli-tas** ↗ W — **perturbatis animis** (abl. qual.) **inducuntur** (als Gestalten) mit verwirrtem Gemüt/(starken) Affekten werden sie (sc. im Mythos/in der Dichtung) eingeführt/dargestellt — **accepimus deorum alqd** wir kennen etw. (durch die Dichtung) von den Göttern . . . — **aegri-tudo** ↗ W — **nec vero** ↗ W — **ferre** h. erzählen — **cum** wobei — **Titani, Gigantes** Titanen, Giganten — **haec . . . dicuntur . . . stultissime**: (im Dt. mit Gewichtsverlagerung) das zu sagen . . . ist sehr töricht — **fut(t)ili-tas** (*futilis* ↗ 1, 18): Wertlosigkeit — **levi-tas** (*levis*): ↗ 45

71 **īs** (↗ W) **fabulis spretis ac repudiatis** (abl. abs.): wenn man . . . völlig außer acht läßt — **pertinere per alqd** h. sich über etw. verbreiten, etw. durchwirken — **quōque** ~ *et quo* (*nomine*) — **nuncupare** (*nomen* + *capere*): benennen — **deos:** präd. — **idemque** ↗ W — **castus** ↗ W — **in-corruptus** (*corrumpere*): h. unverfälscht — **superstitio** ↗ W

totos dies precabantur et immolabant, ut sibi sui liberi superstites essent, superstitiosi sunt appellati, quod nomen patuit postea latius; qui autem omnia, quae ad cultum deorum pertinerent, diligenter retractarent et tamquam relegerent, ii sunt dicti religiosi ex relegendo, tamquam elegantes ex eligendo, ex diligendo diligentes, ex intellegendo intellegentes; his enim in verbis omnibus inest vis legendi eadem, quae in religioso. Ita factum est in superstitioso et religioso alterum vitii nomen, alterum laudis. Ac mihi videor satis et esse deos et quales essent ostendisse.

4.6 Die Lenkung der Welt durch göttliche Vorsehung

(nat. 2, 73a; 75–82; 87b; 93–97; 153)

73 Proximum est, ut doceam deorum providentia mundum administrari. Magnus sane locus est et a vestris, Cotta, vexatus, ac nimirum vobiscum omne certamen est. Nam vobis, Vellei, minus notum est, quem ad modum quidque dicatur; vestra enim solum legitis, vestra amatis, ceteros causa incognita condemnatis . . .

75 Dico igitur providentia deorum mundum et omnes mundi partes et initio constitutas esse et omni tempore administrari. Eamque disputationem tris in partes nostri fere dividunt. Quarum prima pars est, quae ducitur ab ea ratione, quae docet esse deos; quo concesso confitendum est eorum consilio mundum administrari. Secunda est autem, quae docet omnes res subiectas esse naturae sentienti ab eaque omnia pulcherrume geri; quo constituto sequitur ab animantibus principiis ea esse generata. Tertius est locus, qui ducitur ex admiratione rerum caelestium atque terrestrium.

---

72 **patēre latius** h. eine Erweiterung der Bedeutung erfahren — **re-tractare** wieder(holt) berühren, (regelmäßig) ausüben — **re-legere** wieder (zusammen)lesen, erneut (in Gedanken) durchgehen, (wiederholt) erwägen — **tamquam** h. (so) wie — **legere** h. (auf)lesen, sammeln; *vis legendi* die Bedeutung „lesen"/„*legere*" — **nomen** (+ Gen.): h. Bezeichnung (für) — **laus** h. Vorzug

73 **providentia** ↗ W — **magnus sane** (↗ W) **locus** (↗ W): gewiß ein wichtiger Punkt/Thema — **vexare** h. angreifen, kritisieren — **nimirum** ↗ W — **quidque dicitur** (↗ W): jeder Punkt ist . . . gemeint

75 **constituere** h. einrichten, ordnen — **ea disputatio** (↗ 3) ~ *d. eius rei/loci* — **tris** = *tres* — **fere** h. gewöhnlich, in der Regel — **ducere ab** ↗ W — **ratio** h. Überlegung, Grundsatz — **natura** (↗ W) **sentiens** h. eine Naturkraft/ein Wesen mit Bewußtsein — **quo constituto** wenn das feststeht — **sequitur** (meist + *ut*, selten + AcI): daraus folgt/ergibt sich, daß . . . ↗ W — **animans** ↗ W — **principium** Grundkraft, Grundprinzip — **locus** ↗ W

76 Primum igitur aut negandum est esse deos, quod et Democritus
simulacra et Epicurus imagines inducens quodam pacto negat, aut,
qui deos esse concedant, is fatendum est eos aliquid agere idque
praeclarum; nihil est autem praeclarius mundi administratione;
deorum igitur consilio administratur. Quod si aliter est, aliquid
profecto sit necesse est melius et maiore vi praeditum quam deus,
quale id cumque est, sive inanima natura sive necessitas vi magna
77 incitata haec pulcherrima opera efficiens, quae videmus; non est
igitur natura deorum praepotens neque excellens, si quidem ea
subiecta est ei vel necessitati vel naturae, qua caelum maria terrae
regantur. Nihil est autem praestantius deo; ab eo igitur mundum
necesse est regi; nulli igitur est naturae oboediens aut subiectus deus;
omnem ergo regit ipse naturam. Etenim si concedimus intellegentes
esse deos, concedimus etiam providentes et rerum quidem maxu-
marum. Ergo utrum ignorant, quae res maxumae sint quoque eae
modo tractandae et tuendae, an vim non habent, qua tantas res
sustineant et gerant? At et ignoratio rerum aliena naturae deorum
est, et sustinendi muneris propter imbecillitatem difficultas minime
cadit in maiestatem deorum. Ex quo efficitur id, quod volumus,
78 deorum providentia mundum administrari. Atqui necesse est, cum
sint di (si modo sunt, ut profecto sunt), animantis esse, nec solum
animantes, sed etiam rationis compotes inter seque quasi civili
conciliatione et societate coniunctos, unum mundum ut commu-
79 nem rem publicam atque urbem aliquam regentis. Sequitur, ut
eadem sit in is, quae humano in genere, ratio, eadem veritas utro-

---

76 **igitur** h. nun, also (Einleitung eines neuen Gedankens) — **imago** h. Abbild — **idque** ↗ W (*isque*) — **autem** ↗ W — **qui concedant:** eventuell kondizional (~ *si qui concedunt*) — **administra-tio** ↗ W — **quod si** ↗ W — **necesse est** (+ Konj.) ↗ W — **quale id cumque est** ~ *qualecumque id est* — **in-animus** (// *animans*) unbeseelt — **necessitas vī magnā incitata** (sich in Bewegung setzend) . . . **efficiens** (im Dt. Rel.-Satz)

77 **prae-potens** übermächtig, bestimmend — **si quidem** wenn wirklich, sofern ↗ W — **autem** ↗ W — **praestans** ↗ W — **etenim** (*enim*): denn — **providentes** (*eos esse*) — **et quidem** ↗ W — **quōque modō** ~ *et quō modō* — **sustinēre** (*rem/munus*): h. (eine Aufgabe) übernehmen — **ignora-tio** — **res** h. Welt — **alienus** (+ Gen.): unvereinbar (mit) — **imbecilli-tas** ↗ W — **cadere in alqd** zu etwas passen, sich mit etwas vertragen — **efficere** ↗ W — **velle** ↗ W

78 **atqui** (im Untersatz): nun aber — **ut profecto sunt** wie es ja tatsächlich der Fall ist (sie existieren) — **animans** ↗ W — **com-pos** (+ Gen.; *potens*): mächtig über, im Besitz von — **inter seque** ~ *et inter se* — **concilia-tio** Verbundenheit; *civilis conciliatio et societas* (Hendiadyoin): Gesellschaftsverband

79 **sequitur** ↗ W

bique sit eademque lex, quae est recti praeceptio pravique depulsio. Ex quo intellegitur prudentiam quoque et mentem a deis ad homines pervenisse (ob eamque causam maiorum institutis Mens Fides Virtus Concordia consecratae et publice dedicatae sunt; quae qui convenit penes deos esse negare, cum eorum augusta et sancta simulacra veneremur? Quod si inest in hominum genere mens fides virtus concordia, unde haec in terram nisi ab superis defluere potuerunt?), cumque sint in nobis consilium ratio prudentia, necesse est deos haec ipsa habere maiora, nec habere solum, sed etiam his
80 uti in maxumis et optumis rebus. Nihil autem nec maius nec melius mundo; necesse est ergo eum deorum consilio et providentia administrari. Postremo cum satis docuerimus hos esse deos, quorum insignem vim et illustrem faciem videremus, solem dico et lunam et vagas stellas et inerrantes et caelum et mundum ipsum et earum rerum vim, quae inessent in omni mundo cum magno usu et commoditate generis humani, efficitur omnia regi divina mente atque prudentia. Ac de prima quidem parte satis dictum est.
81 Sequitur, ut doceam omnia subiecta esse naturae, eaque ab ea pulcherrime geri. Sed quid sit ipsa natura, explicandum est ante breviter, quo facilius id, quod docere volumus, intellegi possit. Namque alii naturam esse censent vim quandam sine ratione cientem motus in corporibus necessarios, alii autem vim participem rationis atque ordinis tamquam via progredientem declarantemque, quid cuiusque rei causa efficiat, quid sequatur, cuius sollertiam nulla ars nulla manus nemo opifex consequi possit imitando; seminis enim vim esse tantam, ut id, quamquam sit perexiguum,

---

utrobique (*uter* + *ubi*): an beiden Stellen, auf beiden Seiten — **praecep-tio** (*praecipere*) — **depul-sio** (*depellere*) — **consecrare** h. für heilig erklären, zur Gottheit erheben — **dedicare** h. durch ein Heiligtum/einen Tempel ehren — **quae** alle diese Eigenschaften (Subj. im AcI) — **quī** (↗ W) **convenit** (↗ W) + Inf.: wie reimt es sich zusammen, wie kann man ... — **quod si** ↗ W — **haec**: vgl. oben *quae* — **de-fluere** h. (herunter)kommen — **maiora** (präd.): in reicherem Maß

80 **autem** ↗ W — **facies illustris** strahlende Erscheinung — **dico** ↗ W — **vagus** (*vagari*): unstet, umherschweifend; *vaga stella* Planet („Wandelstern") — **in-errans** (*stella*): Fixstern — **cum** (*magno usu*): h. zum ... (bezeichnet den Begleitumstand) — **commodi-tas** ↗ W — **efficere** ↗ W

81 **sine ratione** (attr. zu *vim*) — **necessarius** h. zwangsläufig, der (blinden) Notwendigkeit gehorchend, mechanisch — **ordo** h. Ordnungssinn — **viā prógredi** methodisch vorgehen — **declarare** h. verdeutlichen — **quid**: Akk.-Obj. zu *sequi* (ausgehen auf, als Ziel anstreben) — **cuius**: auf *vim* zu beziehen — **sollert-ia** ↗ W — **opifex** ↗ W — **enim** ↗ 32 — **per-exiguus**

tamen, si inciderit in concipientem comprendentemque naturam nanctumque sit materiam, qua ali augerique possit, ita fingat et efficiat in suo quidque genere, partim ut tantummodo per stirpes alantur suas, partim ut moveri etiam et sentire et appetere possint
82 et ex sese similia sui gignere. Sunt autem, qui omnia naturae nomine appellent, ut Epicurus, qui ita dividit, omnium, quae sint, naturam esse corpora et inane quaeque is accidant. Sed nos cum dicimus natura constare administrarique mundum, non ita dicimus, ut glaebam aut fragmentum lapidis aut aliquid eius modi nulla cohaerendi natura, sed ut arborem, ut animal, in quibus nulla temeritas, sed ordo apparet et artis quaedam similitudo.

Die einzelnen Teile der Welt sind in einem nirgends unterbrochenen Zusammenhang miteinander verbunden, der von ewiger Dauer ist und von einer vernünftigen Naturkraft geleitet wird (83–87a).

87 Quod si omnes mundi partes ita constitutae sunt, ut neque ad usum meliores potuerint esse neque ad speciem pulchriores, videamus, utrum ea fortuitane sint an eo statu, quo cohaerere nullo modo potuerint nisi sensu moderante divinaque providentia! Si igitur meliora sunt ea, quae natura, quam illa, quae arte perfecta sunt, nec ars efficit quicquam sine ratione, ne natura quidem rationis expers est habenda. Qui igitur convenit, signum aut tabulam pictam cum aspexeris, scire adhibitam esse artem, cumque procul cursum navigii videris, non dubitare, quin id ratione atque arte moveatur, aut

---

compre(he)ndere ganz erfassen — **natura** $\nearrow$ W, h. etwa: natürliche Umgebung — **tantum-modo** nur, bloß, allein — **sentire et appetere** Wahrnehmungsvermögen und Triebe haben — **similia sui** seines-/ihresgleichen
82 **omnia, quae sint** alles Existierende — **natura** (*omnium* . . .): h. natürliche Beschaffenheit, Wesen $\nearrow$ W (Nr. 4) — **quae accidunt** was widerfährt, die Zustandsformen, die Modifikationen, die Akzidentien — **constare alqa re** beruhen auf etw. — **(ita) dicere** $\nearrow$ W — **glaeba** Erdklumpen — **frag-mentum** (*frangere*): (Bruch-)Stück, Brocken — **nullā cohaerendi naturā** ohne die Kraft der Verbindung, ohne organischen Zusammenhang — **temeri-tas** h. blinder Zufall — **ordo** $\nearrow$ 81 — **artis** (*similitudo*): mit . . .
87 **quod si** $\nearrow$ W — **ad speciem** für das Auge — **ea**: i. e. *mundi partes* — **utrum** . . . **-ne** . . . **an**: Doppelfrage mit zweifach markiertem ersten Glied — **eo statu** (abl. qual.), **quo** (abl. causae): von einem Zustand, aufgrund dessen ~ so beschaffen, daß — **sensus** ~ *natura sentiens* $\nearrow$ 75 — **providentia** $\nearrow$ W — **(si) igitur** $\nearrow$ 76 — **nec ars efficit**: noch zum *si*-Satz gehörig — **ne** . . . **quidem** h. auch nicht — **qui** ($\nearrow$ W) **cónvenit** ($\nearrow$ W) + Inf., daher *cum* + Konj. — **signum** h. Statue — **cursus navigii** (~ *navis*): h. ein fahrendes Schiff

cum solarium vel descriptum vel ex aqua contemplere, intellegere declarari horas arte, non casu, mundum autem, qui et has ipsas artes et earum artifices et cuncta complectatur, consilii et rationis esse expertem putare? ...

Anhand des von Poseidonios konstruierten Himmelsglobus, der *sphaera* des Archimedes oder auch eines funktionierenden Schiffs läßt sich ebenfalls der Nachweis führen, daß der in ihnen waltende Sachverstand erst recht im Kosmos als ganzem walten muß und daß dessen Regelmäßigkeit und Ordnung Ergebnis eines lenkenden Verstandes sein müssen (88–90). Auch die bewundernswerte Einrichtung der „irdischen und himmlischen Dinge“ legt die Annahme einer göttlichen Vorsehung nahe. Erster Gegenstand der Betrachtung ist die Erde: Sie liegt in der Mitte des Weltalls, umgeben von einer Schicht der Luft *(aër)*, diese von einer des feurigen Äthers *(aether)*, aus dem die Sonne und die übrigen Gestirne entstanden sind. Beide Schichten nützen der Erde in sinnvoller Weise (Atemluft, Wärme; 91–92).

93 Hic ego non mirer esse quemquam, qui sibi persuadeat corpora quaedam solida atque individua vi et gravitate ferri mundumque effici ornatissimum et pulcherrimum ex eorum corporum concursione fortuita? Hoc qui existimat fieri potuisse, non intellego, cur non idem putet, si innumerabiles unius et viginti formae litterarum vel aureae vel qualeslibet aliquo coiciantur, posse ex is in terram excussis annales Enni, ut deinceps legi possint, effici; quod nescio
94 an ne in uno quidem versu possit tantum valere fortuna. Isti autem quem ad modum asseverant ex corpusculis non colore non qualitate aliqua (quam ποιότητα Graeci vocant) non sensu praeditis, sed concurrentibus temere atque casu, mundum esse perfectum, vel

---

solarium (*sol*): (Sonnen-)Uhr — **de-scribere** h. aufzeichnen, einzeichnen — **(solarium) ex aqua** Wasseruhr — **contemplere** ~ *contempleris* — **de-clarare** (*clarus*): h. anzeigen — **artes** ~ *artificia*

93 **hīc** (Beginn der unwilligen Frage): und da ...? — **sibi persuadēre** h. sich einreden (wollen) — **individua** ↗ W — **vis et gravitas** (Hendiadyoin): h. Schwerkraft — **concursio** (*concurrere* ↗ 94): h. Zusammentreffen,-stoß — **fortuītus** ↗ W — **īdem** ↗ W — **in-numera-biles** (↗ W) **unius et viginti formae litterarum** zahllose Typen von (jeweils) 21 Buchstaben — **ali-quo** irgendwohin (z. B. auf eine große Decke/Fläche) — **īs** ↗ W — **annales, -ium** (*annus*): die Annalen (Titel von Ennius' Epos) — **deinceps** (*deinde* + *capere*): der Reihe nach, in geordneter Folge — **quod** („dieses“) wird durch das folgende **tantum** („soviel“) präzisiert und entfällt im Dt. — **nescio an** wohl — **valēre** h. zustande bringen

94 **isti**: i. e. *Epicurei* — **assevērare** (*sevērus*): (ernstlich) behaupten; *quem ad modum assevērant*: wie können sie im Ernst behaupten ...? — **corpusculum** (Demin. v. *corpus*): (kleiner) Körper, (Materie-)Teilchen, Atom ↗ FW — ποιότης (Akk. -τητα/*poiótēs, -tēta*) ~ *quali-tas*: Eigenschaft — **con-currere** h. zusammentreffen, -stoßen

innumerabiles potius in omni puncto temporis alios nasci, alios interire? Quod si mundum efficere potest concursus atomorum, cur porticum cur templum cur domum cur urbem non potest, quae sunt minus operosa et multo quidem faciliora? Certe ita temere de mundo effuttiunt, ut mihi quidem numquam hunc admirabilem caeli ornatum (qui locus est proxumus) suspexisse videantur.

95 Praeclare ergo Aristoteles „Si essent“, inquit, „qui sub terra semper habitavissent bonis et illustribus domiciliis, quae essent ornata signis atque picturis instructaque rebus his omnibus, quibus abundant i, qui beati putantur, nec tamen exissent umquam supra terram, accepissent autem fama et auditione esse quoddam numen et vim deorum, deinde aliquo tempore patefactis terrae faucibus ex illis abditis sedibus evadere in haec loca, quae nos incolimus, atque exire potuissent: cum repente terram et maria caelumque vidissent, nubium magnitudinem ventorumque vim cognovissent aspexissentque solem eiusque cum magnitudinem pulchritudinemque tum etiam efficientiam cognovissent, quod is diem efficeret toto caelo luce diffusa, cum autem terras nox opacasset, tum caelum totum cernerent astris distinctum et ornatum lunaeque luminum varietatem tum crescentis tum senescentis, eorumque omnium ortus et occasus atque in omni aeternitate ratos immutabilesque cursus – quae cum viderent, profecto et esse deos et haec tanta opera deorum

96 esse arbitrarentur“. Atque haec quidem ille; nos autem tenebras cogitemus tantas, quantae quondam eruptione Aetnaeorum ignium finitimas regiones obscuravisse dicuntur, ut per biduum nemo hominem homo agnosceret, cum autem tertio die sol illuxisset, tum

---

innumerabilis ↗ W — **quod si** ↗ W — **concur-sus** (*concurrere*): ~ *concursio* 93 — **oper-ōsus** (*opera*): mühevoll — **ef-fut(t)īre** (*futilis* ↗ 1, 18): (daher-) schwätzen — **locus** ↗ W — **su-spicere** h. (von unten) erblicken

95 **illustris** h. prachtvoll, großartig — **domiciliis** (abl. loci; evtl. abl. modi): in ... — **signum** ↗ 87 — **pictura** (*pingere*): Gemälde — **ī** ↗ W — **exire supra terram** an die Erdoberfläche kommen — **accepisse fama et auditione** vom Hörensagen vernommen haben — **exire** (*supra terram*): s. o. — **efficientia** (*efficere*): Wirken, Wirksamkeit — **opacare** (*opācus* schattig): beschatten — **astrum** (gr.): Stern, Gestirn — **distinguere** h. schmücken; *distinctum atque ornatum*: Hendiadyoin — **luminum varietas** Lichtwechsel, Phasen — **senescere** alt werden, schwach werden, h. abnehmen — **eorum**: i. e. *astrorum* — **aeternitas** — **ratus** ↗ W — **im-muta-bilis** — **quae cum viderent:** nimmt *cum ... vidissent* (Z. 8) und *cernerent* (Z. 13) auf und faßt Z. 8—15 zusammen.

96 **ille**: sc. *dixit* — **erup-tio** (*erumpere*; ↗ FW) — **Aetnaei ignes** die Feuermassen des Ätna (Vulkan auf der Insel Sizilien) — **obscur-are** — **illucéscere** (Pf. *illuxi*; *lucēre*): zu leuchten beginnen, erstrahlen

ut revixisse sibi viderentur: quod si hoc idem ex aeternis tenebris contingeret, ut subito lucem aspiceremus, quaenam species caeli videretur? Sed assiduitate cotidiana et consuetudine oculorum adsuescunt animi, neque admirantur neque requirunt rationes earum rerum, quas semper vident, proinde quasi novitas nos magis quam
97 magnitudo rerum debeat ad exquirendas causas excitare. Quis enim hunc hominem dixerit, qui, cum tam certos caeli motus, tam ratos astrorum ordines tamque inter se omnia conexa et apta viderit, neget in his ullam inesse rationem eaque casu fieri dicat, quae quanto consilio gerantur, nullo consilio assequi possumus? An, cum machinatione quadam moveri aliquid videmus, ut sphaeram ut horas ut alia permulta, non dubitamus, quin illa opera sint rationis, cum autem impetum caeli cum admirabili celeritate moveri vertique videamus constantissime conficientem vicissitudines anniversarias cum summa salute et conservatione rerum omnium, dubitamus, quin ea non solum ratione fiant, sed etiam excellenti divinaque ratione?

Auch die Oberflächengestalt der Erde sowie die auf ihr lebenden Pflanzen, Tiere und Menschen weisen auf die Existenz einer göttlichen Vernunft (98–101). Zum gleichen Ergebnis führt die Betrachtung des Himmels (102–117), der Gestirne (118 f.), der Pflanzen und Tiere (120–133), des menschlichen Körpers und seiner einzelnen Organe (134–146), besonders aber seiner Sinne und seiner Vernunft (147–152).

153 Quid vero? Hominum ratio non in caelum usque penetravit? Soli enim ex animantibus nos astrorum ortus obitus cursusque cogno-

---

reviviscere (Pf. *re-vixi*; *vivere*) — **quod si** ↗ W — **ex (tenebris)**: nach — **quinam** welcher . . . denn? — **assidui-tas** (*assiduus*): (regelmäßige) Wiederholung, Fortdauer, wiederkehrende Erscheinung — **assuescere** ~ *consuescere* — **ratio** h. Grund — **proinde quasi** ~ *proinde ac si* — **novi-tas** (*novus*) **rei** die Neuheit/das Ungewöhnliche einer Erscheinung

97 **hominem**: präd. Ergänzung — **certus** ↗ 2 — **ratus** ↗ W — **co-nectere** ↗ W — **aptus** ↗ W — **consilium** h. 1. Umsicht (seitens der Götter), 2. Einsicht (unsererseits) — **an** oder . . . etwa? — **machinatio** (*machina*): Mechanismus — **sphaera** (gr.; „Kugel" ↗ FW): h. Himmelsglobus — **horae** h. Uhrwerk — **illa** (gemeint sind *sphaera* und *horae*) — **impetus caeli** („Umschwung des Himmels"): ~ *caelum*; *impetus* ist neben den zwei Infinitiven und *celeritate* pleon. — **verti** h. sich drehen — **constans** h. gleichmäßig — **conficere** h. aus-/vollführen — **vicissitudo** ↗ W; *vicissitudo anniversaria* der jährlich sich wiederholende Wechsel der Jahreszeiten — **cum** . . . **salute** . . . ↗ 80 — **conserva-tio**

153 **quid vero**? wie vollends? ja noch mehr! — **animans** (subst.) ↗ W — **ob-itus, -ūs** (*obire*): h. Untergang

vimus, ab hominum genere finitus est dies mensis annus, defectiones solis et lunae cognitae praedictaeque in omne posterum tempus, quae quantae quando futurae sint. Quae contuens animus accedit ad cognitionem deorum, e qua oritur pietas, cui coniuncta iustitia est reliquaeque virtutes, e quibus vita beata exsistit par et similis deorum, nulla alia re nisi immortalitate, quae nihil ad bene vivendum pertinet, cedens caelestibus.
Quibus rebus expositis satis docuisse videor, hominis natura quanto omnis anteiret animantes. Ex quo debet intellegi nec figuram situmque membrorum nec ingenii mentisque vim talem effici potuisse fortuna.

4.7 Die Einrichtung der Welt als Zeichen göttlicher Fürsorge für den Menschen (nat. 2, 154–155; 168)

154 Restat, ut doceam atque aliquando perorem omnia, quae sint in hoc mundo, quibus utantur homines, hominum causa facta esse et parata.
Principio ipse mundus deorum hominumque causa factus est, [quaeque in eo sunt, ea parata ad fructum hominum et inventa sunt.] Est enim mundus quasi communis deorum atque hominum domus aut urbs utrorumque; soli enim ratione utentes iure ac lege vivunt. Ut igitur Athenas et Lacedaemonem Atheniensium Lacedaemoniorumque causa putandum est conditas esse, omniaque, quae sint in his urbibus, eorum populorum recte esse dicuntur, sic, quaecumque
155 sunt in omni mundo, deorum atque hominum putanda sunt. Iam vero circumitus solis et lunae reliquorumque siderum, quamquam etiam ad mundi cohaerentiam pertinent, tamen et spectaculum

---

finire (in seinem Umfang) abgrenzen, bestimmen — **defec-tio** (*deficere*): h. Verfinsterung, Finsternis — **prae-dicere** vorhersagen — **quae con-tuens** (~ *in-tuens*): Das Pron. („dieses“) ist Objekt zum Part. (↗ 1, 54) — **accedere ad** h. ~ *pervenire ad* — **par** gleich(rangig/wertig), ähnlich (beschaffen) — **deorum** ~ *vitae deorum* — **im-mortali-tas** (*mortalis*): Unsterblichkeit — **pertinere ad** h. Einfluß haben auf — **ante-ire** (+ Akk.): übertreffen — **situs, -ūs** Lage, Anordnung — **(vim) talem**: d. h. so wie beim Menschen zu beobachten

154 **per-orare** einen (zusammenhängenden) Vortrag halten/abschließen, abschließend betonen (+ AcI) ↗ W — **principio** h. zunächst — **iure ac lege** nach ... — **Lacedaemō(n), -ōnis** Lakedämon, Sparta — **deorum atque hominum** (*esse*)

155 **circu(m)itus, -ūs** (*circum-ire*): Umlauf — **co-haerent-ia** (*haerēre*): Zusammenhang

hominibus praebent; nulla est enim insatiabilior species, nulla pulchrior et ad rationem sollertiamque praestantior; eorum enim cursus dimetati maturitates temporum et varietates mutationesque cognovimus. Quae si hominibus solis nota sunt, hominum facta esse causa iudicandum est.

Im folgenden führt Balbus weiter aus, daß die Welt der Götter und Menschen wegen geschaffen ist (156–161) und daß die Götter für die Menschen im großen wie im kleinen fürsorglich tätig sind (162–167).

168 Haec mihi fere in mentem veniebant, quae dicenda putarem de natura deorum. Tu autem, Cotta, si me audias, eandem causam agas teque et principem civem et pontificem esse cogites et, quoniam in utramque partem vobis licet disputare, hanc potius sumas eamque facultatem disserendi, quam tibi a rhetoricis exercitationibus acceptam amplificavit Academia, potius huc conferas. Mala enim et impia consuetudo est contra deos disputandi, sive ex animo id fit sive simulate."

5. Kritik der stoischen Theologie

5.1 Einleitung: Einigung über das Vorgehen und Klärung von Cottas Standpunkt (nat. 3, 5–6)

Cotta kann sich wegen sachlicher Zweifel nicht zu einem Plädoyer für Balbus' Thesen entschließen, so sehr er auch von der Folgerichtigkeit in dessen Darstellung angetan ist. Balbus bietet Cotta an, seine Einwände in einzelnen Fragen oder in zusammenhängender Rede vorzutragen (1–4).

5 Tum Cotta „Optime" inquit; „quam ob rem sic agamus, ut nos ipsa ducit oratio. Sed antequam de re, pauca de me. Non enim mediocriter moveor auctoritate tua, Balbe, orationeque ea, quae me in

---

in-satia-bilis (*satiare* sättigen < *satis*; h. akt.): keinen Überdruß verursachend; Komparativ + *est*: „verursacht weniger . . ." — **ad** h. im Hinblick auf — **sollertia** ↗ W; *ratio sollertiaque* überlegte Gestaltung — **praestans** ↗ W — **di-metari** aus-/vermessen — **maturi-tas** (*maturus*): h. rechtzeitiger Beginn — **tempus** h. Jahreszeit — **varie-tas** (*varius*) — **muta-tio**

168 **putarem**: Konj. konsek. — **audire alqm** h. auf jd hören — **eandem causam agere** die gleichen Argumente verfechten, sich dem Plädoyer anschließen — **hanc (partem) sumere** diese (meine) Partei ergreifen — **exercitatio rhetorica** rhetorische Übung — **ampli-ficare** (*amplus* + *facere*): vermehren, steigern — **huc** ∼ *in hanc partem* — **conferre aliquo** h. für etwas einsetzen — **ex animo** aus Überzeugung

5 **agere** h. vorgehen, verfahren — **antequam** . . . (*dicam*), **pauca** . . . (*loquar*) — **oratione ea** ∼ *ea parte orationis*

perorando cohortabatur, ut meminissem me et Cottam esse et pontificem; quod eo, credo, valebat, ut opiniones, quas a maioribus accepimus de dis immortalibus, sacra caerimonias religionesque defenderem. Ego vero eas defendam semper semperque defendi, nec me ex ea opinione, quam a maioribus accepi de cultu deorum immortalium, ullius umquam oratio aut docti aut indocti movebit. Sed cum de religione agitur, Ti. Coruncanium P. Scipionem P. Scaevolam pontifices maximos, non Zenonem aut Cleanthen aut Chrysippum sequor, habeoque C. Laelium augurem eundemque sapientem, quem potius audiam dicentem de religione in illa oratione nobili quam quemquam principem Stoicorum. Cumque omnis populi Romani religio in sacra et in auspicia divisa sit, tertium adiunctum sit, si quid praedictionis causa ex portentis et monstris Sibyllae interpretes haruspicesve monuerunt, harum ego religionum nullam umquam contemnendam putavi mihique ita persuasi, Romulum auspiciis, Numam sacris constitutis fundamenta iecisse nostrae civitatis, quae numquam profecto sine summa placatione
6 deorum immortalium tanta esse potuisset. Habes, Balbe, quid Cotta, quid pontifex sentiat; fac nunc ego intellegam, tu quid sentias; a te enim philosopho rationem accipere debeo religionis, maioribus autem nostris etiam nulla ratione reddita credere."
Tum Balbus: „Quam igitur a me rationem", inquit, „Cotta, desideras?"
Et ille „Quadripertita" inquit „fuit divisio tua, primum ut velles docere deos esse, deinde quales essent, tum ab is mundum regi, postremo consulere eos rebus humanis. Haec, si recte memini, partitio fuit."
„Rectissume", inquit Balbus; „sed expecto, quid requiras."

---

per-orare ↗ W — **eo valēre** darauf abzielen — **sacra** h. Opfer, Gottesdienst — **caerimonia** ↗ W — **religiones** ↗ W; h. Formen der Götterverehrung, religiöse Bräuche; auch: Sühnehandlungen — **movere ex alqa re** abbringen von etw. — **idemque** ↗ W — **tertium** (präd.) . . .: Fortsetzung des *cum*-Satzes — **praedic-tio** (*prae-dicere*): Voraussage — **portentum** ↗ W — **fundamenta iacere** die Grundlagen schaffen ↗ 1, 44 — **placa-tio** (*placare*): Versöhnung, gutes Verhältnis

6 **ratio** h. rationale Begründung, einsichtige Argumentation — **religio** ↗ W — **nullā ratione redditā** (abl. abs.): ohne (gegebenen) Beweis — **quadri-pertītus** (*quattuor* + *partiri*; *partitio* Einteilung: s. u.): in vier Teile geteilt, vierfach — **ab īs** ↗ W

5.2 Kritik an Kleanthes' Thesen zur Existenz der Götter

(nat. 3, 15b–17)

Cotta, der persönlich – entsprechend der römischen Tradition – von der Existenz der Götter überzeugt ist, geht zunächst auf den ersten Gesichtspunkt in Balbus' Vortrag ein und äußert Zweifel an den Beweisgründen des Stoikers für die Existenz der Götter. Einen ersten Widerspruch sieht er darin, daß Balbus so ausführlich auf einen Punkt eingegangen sei, der nach seiner eigenen Aussage gar keines Beweises bedürfe, einen zweiten in der Berufung auf die Überzeugung der Allgemeinheit, während deren Urteil sonst von den Stoikern doch verachtet werde. Cotta hält es auch für verfehlt, aus der Kunst der Weissagung auf die Existenz von Göttern zu schließen (7–15a).

15 Non igitur adhuc, quantum quidem in te est, Balbe, intellego deos
esse; quos equidem credo esse, sed nil docent Stoici.
16 Nam Cleanthes, ut dicebas, quattuor modis informatas in animis
hominum putat deorum esse notiones: unus is modus est, de quo
satis dixi, qui est susceptus ex praesensione rerum futurarum; alter
ex perturbationibus tempestatum et reliquis motibus; tertius ex
commoditate rerum, quas percipimus, et copia; quartus ex astrorum
ordine caelique constantia. De praesensione diximus. De pertur-
bationibus caelestibus et maritimis et terrenis non possumus dicere,
cum ea fiant, non esse multos, qui illa metuant et a dis immortalibus
17 fieri existument; sed non id quaeritur, sintne aliqui, qui deos esse
putent: di utrum sint necne sint, quaeritur. Nam reliquae causae,
quas Cleanthes affert, quarum una est de commodorum, quae ca-
pimus, copia, altera de temporum ordine caelique constantia, tum
tractabuntur a nobis, cum disputabimus de providentia deorum, de
qua plurima a te, Balbe, dicta sunt.

Auch die Thesen des Chrysippos und des Zenon sollen später in anderem Zusammenhang besprochen werden, ebenso die naturwissenschaftliche, von der Wärmeenergie ausgehende Argumentation. Von Balbus aber verlangt Cotta nachdrücklich Beweise (18–19).

---

15 **quantum in te est** soweit es an dir liegt

16 **in-formare** ↗ W — **notio** ↗ W — **suscipere ex** h. ableiten von, gewinnen aus — **prae-sensio** ↗ W — **per-turba-tio** ↗ W — **tempestatum** h. von Unwettern angerichtet — **motus, -ūs** h. Erschütterung — **commoditas** ↗ W — **constantia** ↗ W; h. gleichmäßige Bewegung (ebenso 17) — **de perturbationibus** . . . bezüglich . . ./was . . . angeht; durch *ea* und *illa* aufgegriffen — **cum** (wenn) . . . **fiant**: Teil des folgenden AcI

5.3 Zweifel an Beseeltheit, Vernunft und Göttlichkeit des Kosmos

(nat. 3, 20–21)

20 „Optime“, inquit Cotta. „Itaque quoniam quattuor in partes totam
quaestionem divisisti de primaque diximus, consideremus secun-
dam; quae mihi talis videtur fuisse, ut, cum ostendere velles, quales
di essent, ostenderes nullos esse. A consuetudine oculorum animum
abducere difficillimum dicebas, sed, cum deo nihil praestantius
esset, non dubitabas, quin mundus esset deus, quo nihil in rerum
natura melius esset: modo possemus eum animantem cogitare vel
21 potius, ut cetera oculis, sic animo hoc cernere. Sed cum mundo
negas quicquam esse melius, quid dicis melius? Si pulchrius, assen-
tior; si aptius ad utilitates nostras, id quoque assentior; sin autem
id dicis, nihil esse mundo sapientius, nullo modo prorsus assentior,
non quod difficile sit mentem ab oculis sevocare, sed quo magis
sevoco, eo minus id, quod tu vis, possum mente comprendere.
„Nihil est mundo melius in rerum natura.“ Ne in terris quidem urbe
nostra; num igitur idcirco in urbe esse rationem cogitationem men-
tem putas, aut, quoniam non sit, num idcirco existimas formicam
anteponendam esse huic pulcherrumae urbi, quod in urbe sensus
sit nullus, in formica non modo sensus, sed etiam mens ratio me-
moria? Videre oportet, Balbe, quid tibi concedatur, non te ipsum,
quod velis, sumere.

Auch wenn man ein Höchstmaß an Schönheit, Nutzen und Ordnung in der Welt zugibt und sie so in gewissem Sinn als ein „Bestes“ anerkennt, so folgt daraus nach Ansicht Cottas nicht, daß sie Seele und Verstand besitzt; sie ist also auch keine Gottheit, weder als Ganzes noch in einzelnen ihrer Teile, etwa den Gestirnen. Es geht nicht an, Naturkraft ohne weiteres mit Denkfähigkeit und gar Göttlichkeit gleichzusetzen (22–28). Ein materielles Wesen, das äußeren Eindrücken unterworfen ist, kann ebensowenig ewig wie göttlich sein. Das gilt auch für das Feuer (29–37).

---

20 **quaestio** ↗ W — **a consuetudine oculorum abducere** (abbringen, weglenken): ↗ 2, 45 — **praestans** ↗ W — **mundus** (unsere) Welt, der Kosmos (Subj.) — **rerum natura** das Weltall — **modo** ~ *dummodo* — **eum** (*mundum*) — **animans** ↗ W — **cogitare** h. mit dopp. Akk. — **hoc** diesen Sachverhalt (*mundum esse animantem*)

21 **quid dicis** (↗ W) **melius?** was meinst du mit (dem Begriff) „besser“? — **prorsus**: neben *nullo modo* pleon. — **non quod** + Konj.: nicht etwa weil — **se-vocare** „wegrufen“; abbringen (von) — **velle** ↗ W — **compre(he)ndere** ↗ 2, 81 — **ne . . . quidem** h. (aber) auch . . . nicht — **rerum natura** ↗ 20 — **quoniam non sit** weil dies nicht zutrifft — **id-circo** deswegen — **formīca** Ameise — **non** (*oportet*) **te . . .** — **sumere** h. annehmen, behaupten

Die Vorstellung von einer mit *virtutes* ausgestatteten Gottheit ist abwegig: Einsicht, Gerechtigkeit, rechtes Maß und Tapferkeit sind typisch menschliche Tugenden und mit dem Wesen Gottes nicht vereinbar (38–39). Die Ansichten der Stoiker vom Wesen der Gottheit erweisen sich als ebenso fragwürdig wie ihre Vorstellungen über Wesen und Eigenschaften der Götter des Volksglaubens (40–64). Der Schluß der Ausführungen Cottas zum zweiten Problemkreis (Eigenschaften der Götter) ist uns nicht überliefert.

5.4 Die Erfahrung der Ungerechtigkeit als Fundament des Zweifels an einer göttlichen Fürsorge für den Menschen

(nat. 3, 79b–80a; 81–85; 93b)

In 65 kündigt Cotta die beiden noch fehlenden Themen an: die Lenkung der Welt durch die göttliche Vorsehung und die Sorge der Götter für die Angelegenheiten der Menschen. Der gesamte Abschnitt mit der Kritik an der Vorsehung fehlt leider in unserer Überlieferung, ebenso der Anfang des darauffolgenden Teils.
Die Kritik an der stoischen These von der Fürsorge der Götter setzt für uns ein mit der Kritik an der Behauptung, der Verstand sei eine Wohltat der Götter für den Menschen. Da aber die Urteilsfähigkeit der Menschen beschränkt ist und – nach Cotta – nur sehr wenige ihren Verstand zum Guten, sehr viele aber zu Verderblichem gebrauchen, läßt sich in diesem Punkt keine göttliche Fürsorge erkennen (65–79a). Auch in anderer Hinsicht sind Zweifel an ihr angebracht:

79 Ac nos quidem nimis multa de re apertissuma; Telamo autem uno versu totum locum conficit, cur di homines neglegant:
„Nam si curent, bene bonis sit, male malis; quod nunc abest!“
Debebant illi quidem omnis bonos efficere, si quidem hominum
80 generi consulebant; sin id minus, bonis quidem certe consulere debebant . . .

Es folgt eine Reihe von Beispielen aus der römischen Geschichte.

81 Dies deficiat, si velim numerare, quibus bonis male evenerit, nec minus, si commemorem, quibus improbis optime. Cur enim Marius tam feliciter septimum consul domi suae senex est mortuus, cur omnium crudelissimus tam diu Cinna regnavit? „At dedit poenas.“ Prohiberi melius fuit impedirique, ne tot summos viros interficeret, quam ipsum aliquando poenas dare. Summo cruciatu supplicioque

---

79 **nos . . . multa**: sc. *dicimus* — **locus** ↗ W — **con-ficere** (↗ 2, 97): h. zusammenfassen, erledigen — (*dei*) **curent** (*homines*) — **curent/sit**: im Kontext eher irreal zu verstehen — **illi** (*dei*) — **omnes** (*homines*): Obj. — **si quidem** ↗ W — **bonis** (*hominibus*)

81 **septimum** zum siebten Mal — **melius fuit** (zweimal): Realis

Q. Varius homo importunissumus periit; si quia Drusum ferro, Metellum veneno sustulerat, illos conservari melius fuit quam poenas sceleris Varium pendere. Duodequadraginta Dionysius tyran-
82 nus annos fuit opulentissumae et beatissumae civitatis; quam multos ante hunc in ipso Graeciae flore Pisistratus. „At Phalaris, at Apollodorus poenas sustulit." Multis quidem ante cruciatis et necatis. Et praedones multi saepe poenas dant, nec tamen possumus dicere non pluris captivos acerbe quam praedones necatos. Anaxarchum Democriteum a Cyprio tyranno excarnificatum accepimus, Zenonem Eleatem in tormentis necatum; quid dicam de Socrate, cuius morti illacrimare soleo Platonem legens? Videsne igitur deorum iudicio, si vident res humanas, discrimen esse sublatum?
83 Diogenes quidem Cynicus dicere solebat Harpalum, qui temporibus illis praedo felix habebatur, contra deos testimonium dicere, quod in illa fortuna tam diu viveret. Dionysius, de quo ante dixi, cum fanum Proserpinae Locris expilavisset, navigabat Syracusas; isque cum secundissumo vento cursum teneret, ridens „Videtisne", inquit, „amici, quam bona a dis immortalibus navigatio sacrilegis detur?" Atque homo acutus cum bene planeque percepisset, in eadem sententia perseverabat. Qui quom ad Peloponnesum classem appulisset et in fanum venisset Iovis Olympii, aureum ei detraxit amiculum grandi pondere, quo Iovem ornarat e manubiis Carthaginiensium tyrannus Gelo, atque in eo etiam cavillatus est aestate grave esse aureum amiculum, hieme frigidum, eique laneum pallium iniecit, cum id esse ad omne anni tempus diceret. Idemque

---

im-portunus (// *op-portunus*): rücksichtslos, unverschämt — **si** (~ *etiamsi*): sc. *periit* (*summo cruciatu . . .*) — **poenas péndere** ~ *poenas dare*

82 **flos** h. Blüte-/Glanzzeit — **poenas tollere** ~ *poenas dare* — **acerbe**: zu *necatos* (*esse*) — **ex-carni-ficare** (*caro* + *facere*): zu Tode quälen, martern — **il-lacrimare alci rei** weinen über etwas — **discrimen**: sc. *inter bonos et malos* (↗ 85—Ende)

83 **felix** h. erfolgreich — **testimonium dicere** Zeugnis ablegen, einen Beweis bieten — **Locri, -orum**: Stadt in Unteritalien — **ex-pilare** ausplündern — **naviga-tio** — **sacri-legus** ↗ W — **homo acutus** (↗ 1, 16): h. (negativ) Schlaukopf — **bene planeque** ganz genau/völlig — **percipere**: *id* (*deos hominibus non consulere*) — **per-sevērare** (*sevērus*): verharren, bleiben — **quom** (alat.): ~ *cum* — **ap-pellere** (*classem*): (hintreiben: + Akk.) landen (mit) — **Iuppiter Olympius** der Olympische Jupiter (84); auch: (das Standbild des) Zeus in Olympia — **amiculum** (*amicire* umhüllen): Mantel — **manubiae** (*manus* + *habere*): (Kriegs-)Beute — **cavillari in alqo** spotten über jd — **lan-eus** (*lana* Wolle) — **pallium** (griech.) Mantel, Umhang — **esse ad . . .** passen für . . . — **idemque** ↗ W

Aesculapi Epidauri barbam auream demi iussit; neque enim convenire barbatum esse filium, cum in omnibus fanis pater imberbis
84 esset. Iam mensas argenteas de omnibus delubris iussit auferri, in quibus quod more veteris Graeciae inscriptum esset ‚bonorum deorum', uti se eorum bonitate velle dicebat. Idem Victoriolas aureas et pateras coronasque, quae simulacrorum porrectis manibus sustinebantur, sine dubitatione tollebat eaque se accipere, non auferre dicebat; esse enim stultitiam, a quibus bona precaremur, ab is porrigentibus et dantibus nolle sumere. Eundemque ferunt haec, quae dixi, sublata de fanis in forum protulisse et per praeconem vendidisse exactaque pecunia edixisse, ut, quod quisque a sacris haberet, id ante diem certam in suum quicque fanum referret: ita ad impietatem in deos in homines adiunxit iniuriam. Hunc igitur nec Olympius Iuppiter fulmine percussit nec Aesculapius misero diuturnoque morbo tabescentem interemit, atque in suo lectulo mortuus in rogum illatus est, eamque potestatem, quam ipse per scelus erat nanctus, quasi iustam et legitimam hereditatis loco filio
85 tradidit. Invita in hoc loco versatur oratio; videtur enim auctoritatem afferre peccandi; recte videretur, nisi et virtutis et vitiorum sine ulla divina ratione grave ipsius conscientiae pondus esset, qua sublata iacent omnia. Ut enim nec domus nec res publica ratione quadam et disciplina dissignata videatur, si in ea nec recte factis praemia exstent ulla nec supplicia peccatis, sic mundi divina [in homines] moderatio profecto nulla est, si in ea discrimen nullum est bonorum et malorum.

---

convenire ↗ W; **neque** (~ *et* - sc. *dixit* bzw. *cavillatus est* - *non*) **convenire**: + AcI — **barba-tus** // **im-berbis** (*barba*)

84 **iam** h. ferner — **bonorum deorum**: Der Gen. bezeichnet bei Weihegaben gewöhnlich den Besitzer. — **boni-tas** Güte, h. Freigebigkeit (↗ 1, 121) — **idem** ↗ W — **Victoríola** (Demin. zu *Victoria*): Statuette der Victoria (Siegesgöttin; gr. Níkē) — **pátera** (*patēre*): flache Schale; Opferschale — **sustinere** h. tragen, halten — **dubitatio** ↗ W — **(in forum) pro-ferre** ~ *ferre* — **praeco** (*prae* + *dicere*): Ausrufer, Versteigerer — **percutere** h. erschlagen — **tabéscere** dahinsiechen — **inter-imere** (*emere*): töten, sterben lassen — **lectulus** (Demin. zu *lectus*): Lager, Bett — **rogus** (*regere*): (aufgerichteter) Scheiterhaufen — **heredi-tas** (*heres*): Erbschaft, Erbe — **loco** + Gen.: wie

85 **locus** ↗ W — **auctoritas** h. Berechtigung, Rechtfertigung — **virtutis et vitiorum**: zu **conscientia** (Bewußtsein von) — **ratio divina** (~ *deorum*): Rücksicht auf die Götter — **iacēre** darniederliegen, gefährdet sein — **ratio et disciplina** (Hendiadyoin): h. vernünftige Ordnung — **dis-signare** (*signum*): (an)ordnen, einrichten — **ex-stare** bestehen, vorhanden sein — **in (homines)**: bezüglich ... — **modera-tio** h. Leitung, Regierung — **in ea** (*moderatione*)

Es wäre viel sinnvoller, wenn die Menschen von den Göttern wirkliche Tugenden, wie Gerechtigkeit, Maß und Einsicht, oder wenigstens Lohn dafür zu erwarten hätten. In Wirklichkeit jedoch werden den Menschen weder die wichtigsten Eigenschaften von den Göttern geschenkt noch ihre größten persönlichen Leistungen belohnt (86–89). Den Göttern muß entweder mangelnde Fürsorge oder mangelnde Einsicht in das Gute vorgeworfen werden (90–93a).

93 „Haec fere dicere habui de natura deorum, non ut eam tollerem, sed ut intellegeretis, quam esset obscura et quam difficiles explicatus haberet.“

5.5 Schlußgespräch und Ciceros Schlußwort (nat. 3, 94–95)

94 Quae cum dixisset, Cotta finem. Lucilius autem „Vehementius“, inquit, „Cotta, tu quidem invectus es in eam Stoicorum rationem, quae de providentia deorum ab illis sanctissume et prudentissume constituta est. Sed quoniam advesperascit, dabis nobis diem aliquem, ut contra ista dicamus. Est enim mihi tecum pro aris et focis certamen et pro deorum templis atque delubris proque urbis muris, quos vos pontifices sanctos esse dicitis diligentiusque urbem religione quam ipsis moenibus cingitis; quae deseri a me, dum quidem spirare potero, nefas iudico.“

95 Tum Cotta: „Ego vero et opto redargui me, Balbe, et ea, quae disputavi, disserere malui quam iudicare, et facile me a te vinci posse certo scio.“

„Quippe“, inquit Velleius, „qui etiam somnia putet ad nos mitti ab Iove, quae ipsa tamen tam levia non sunt quam est Stoicorum de natura deorum oratio.“

Haec cum essent dicta, ita discessimus, ut Velleio Cottae disputatio verior, mihi Balbi ad veritatis similitudinem videretur esse propensior.

---

93 **dicere habere** zu sagen haben/wissen — **eam**: für *eos* (*deos*) — **explicatus, -ūs** (Möglichkeit der) Erklärung

94 **finem**: erg. *fecit* — **ratio** h. Lehre — **providentia** ↗ W — **constituere** ↗ 1, 44 — **ad-vesperascit** (*vesper*): es wird Abend — **pontifices**: Nom. — **(diligentius-)que**: gramm. frei angeschlossen; im Dt. „so“

95 **red-arguere** widerlegen — **iudicare** h. (endgültig) beurteilen, entscheiden — **levis** h. unbedeutend — **disputa-tio** ↗ 2, 3 — **verior** eher wahr, zutreffender — **Balbi** (*disputatio*) — **veritatis similitudo**: Subst. zu *veri simile*; Wahrscheinlichkeit — **pro-pensus** (*pendĕre*): nahe(kommend), sich nähernd

SENECA, EPISTULAE MORALES

1. Inhalte und Ziele der Philosophie

1.1 Teilbereiche der Philosophie (ep. 89, 9)

Philosophiae tres partes esse dixerunt et maximi et plurimi auctores: moralem, naturalem, rationalem. Prima componit animum; secunda rerum naturam scrutatur; tertia proprietates verborum exigit et structuram et argumentationes, ne pro vero falsa subrepant. Ceterum inventi sunt, et qui in pauciora philosophiam et qui in plura diducerent.

1.2 Glück als Ziel der Philosophie: vita beata durch ratio und sapientia (ep. 16)

1 Liquere hoc tibi, Lucili, scio, neminem posse beate vivere, ne tolerabiliter quidem, sine sapientiae studio, et beatam vitam perfecta sapientia effici, ceterum tolerabilem etiam incohata. Sed hoc, quod liquet, firmandum et altius cotidiana meditatione figendum est: plus operis est in eo, ut proposita custodias, quam ut honesta proponas. Perseverandum est et assiduo studio robur addendum, donec bona mens sit, quod bona voluntas est.

2 Itaque non opus est tibi apud me pluribus verbis aut affirmatione tam longa: intellego multum te profecisse. Quae scribis, unde veniant, scio; non sunt ficta nec colorata. Dicam tamen, quid sentiam: iam de te spem habeo, nondum fiduciam. Tu quoque idem facias volo: non est, quod tibi cito et facile credas. Excute te et varie

---

89,9 **naturalis** h. naturphilosophisch — **rationalis** h. logisch — **scrutari** erforschen, untersuchen ↗ W — **propríetas** (*proprius*): die eigentümliche/besondere Bedeutung — **exígere** h. untersuchen — **structura** (*struere*): Zusammenfügung (der Wörter) zum Satz — **argumentatio** (FW): Beweisführung — **sub-répere** sich unbemerkt einschleichen — **ceterum** (nkl.): aber, jedoch (abgeschwächt „und") ↗ W — **inventi sunt**: im Dt. Präs. (refl.) — **in pauciora/plura** ~ *in paucioresl/plures partes* — **diducere** („auseinanderziehen": bei *pauciora* ein Zeugma): gliedern

16,1 **liquet** (+ AcI; *liquidus*): es ist (flüssig) klar, deutlich — **tolera-bilis** erträglich — **ceterum** ↗ W — **incohatā** (*sapientiā*) — **medita-tio** (*meditari*): Nachdenken — **figere** h. festigen — **plus operis est** es ist mühevoller — **propositum** Vorsatz, (gesetztes) Ziel ↗ W — **perseverare** (*in propositis*): beharren (bei . . .) ↗ W — **donec** steht mit Ind. oder Konj. — **mens** h. (innere) Haltung

2 **quae scribis**: Subj. des folgenden indir. Fragesatzes — **color-atus** (*color*): h. beschönigt — **fiducia** h. feste Zuversicht — **volo facias**: Parataxe

scrutare et observa; illud ante omnia vide, utrum in philosophia an
3 in ipsa vita profeceris. Non est philosophia populare artificium nec ostentationi paratum; non in verbis, sed in rebus est. Nec in hoc adhibetur, ut cum aliqua oblectatione consumatur dies, ut dematur otio nausia: animum format et fabricat, vitam disponit, actiones regit, agenda et omittenda demonstrat, sedet ad gubernaculum et per ancipitia fluctuantium dirigit cursum. Sine hac nemo intrepide potest vivere, nemo secure; innumerabilia accidunt singulis horis,
4 quae consilium exigant, quod ab hac petendum est. Dicet aliquis: „Quid mihi prodest philosophia, si fatum est? Quid prodest, si deus rector est? Quid prodest, si casus imperat? Nam et mutari certa non possunt et nihil praeparari potest adversus incerta, sed aut consilium meum occupavit deus decrevitque, quid facerem, aut consilio
5 meo nihil fortuna permittit." Quidquid est ex his, Lucili, vel si omnia haec sunt, philosophandum est; sive nos inexorabili lege fata constringunt, sive arbiter deus universi cuncta disposuit, sive casus res humanas sine ordine impellit et iactat, philosophia nos tueri debet. Haec adhortabitur, ut deo libenter pareamus, ut fortunae
6 contumaciter; haec docebit, ut deum sequaris, feras casum. Sed non est nunc in hanc disputationem transeundum, quid sit iuris nostri,

---

scrutari ↗ W; *scrutare* (*te*) — **ante omnia** ~ *imprimis*

3 **artificium** h. Handwerk, Beruf — **ostenta-tio** Schaustellung — **paratus** ~ *idoneus* — **esse in** + Abl.: beruhen auf — **in hoc** (Akk.) **ut** (nkl.): zu dem Zweck/dazu daß ↗ W — **ob-lecta-tio** ~ *delectatio* — **náusea** (griech. „Seekrankheit"; *navis, nauta*): Übelkeit, Langeweile — **fabricare** (übertr.): bilden — **guberna-culum** Steuerruder ↗ W — **anceps**, **ancipitis** (subst.: n.): ~ *periculum* — **fluctuare** (*-ari*: nkl.; *fluctus, -us*): wogen, im Meer treiben, schwanken ↗ W — **di-rigere** (*regere*): lenken — **sine/ab hac**: sc. *philosophia* — **in-trepidus** (*trepidare*): unerschrocken, furchtlos ↗ W — **exigere** (er)fordern

4 **rec-tor** (*regere*): erg. *rerum* — **certa** Dinge, die schon entschieden sind — **in-certa** Zufälle, Unwägbarkeiten — **consilium** h. Planung, Entschlußkraft — **occupare** h. zuvorkommen

5 **(quidquid) est** (prägnant): zutrifft, der Fall ist ↗ *sunt* — **vel** sogar — **in-ex-ora-bilis** unerbittlich — **con-stringere** („Strick"): „festschnüren", fesseln — **arbiter** (präd.): h. Herr ~ 4 *rector* — **disponere** ~ 4 *decernere* — **sine ordine** wahllos, willkürlich — **universi**: subst. — **im-pellere** h. „anstoßen", einen Stoß versetzen — **iactare** hin- und herwerfen — **ad-hortari** = (*co*)*hortari* — **con-tumax, -acis** (*tumor*): trotzig, widerspenstig — **(docere) ut**: wegen der Absicht

6 **(disputationem)** hanc: ~ *huius rei* — **quid sit iuris nostri** was unserer Rechtssphäre angehört, worüber wir noch Verfügungsgewalt haben

si providentia in imperio est, aut si fatorum series illigatos trahit,
aut si repentina ac subita dominantur: illo nunc revertor, ut te
moneam et exhorter, ne patiaris impetum animi tui delabi et re-
frigescere. Contine illum et constitue, ut habitus animi fiat, quod
est impetus.
7 Iam ab initio, si te bene novi, circumspicies, quid haec epistula
munusculi attulerit: excute illam, et invenies. Non est, quod mireris
animum meum: adhuc de alieno liberalis sum. Quare autem alie-
num dixi? Quidquid bene dictum est ab ullo, meum est. Istuc
quoque ab Epicuro dictum est: „Si ad naturam vives, numquam eris
8 pauper; si ad opiniones, numquam eris dives.“ Exiguum natura
desiderat, opinio immensum. Congeratur in te, quidquid multi
locupletes possederant; ultra privatum pecuniae modum fortuna te
provehat, auro tegat, purpura vestiat, eo deliciarum opumque per-
ducat, ut terram marmoribus abscondas; non tantum habere tibi
liceat, sed calcare divitias; accedant statuae et picturae et, quidquid
9 ars ulla luxuriae elaboravit: maiora cupere ab his disces. Naturalia
desideria finita sunt: ex falsa opinione nascentia, ubi desinant, non
habent; nullus enim terminus falso est. Via eunti aliquid extremum
est: error immensus est. Retrahe ergo te a vanis, et cum voles scire,
quod petes, utrum naturalem habeat an caecam cupiditatem, con-
sidera, num possit alicubi consistere: si longe progresso semper
aliquid longius restat, scito id naturale non esse. Vale.

---

pro-videntia ↗ W — **in imperio esse** ~ 4 *imperare* — **il-ligatos** (präd.; erg. *nos*): angebunden (*ligare*), in Fesseln — **illo** (Adv.): = *illūc* — **ex-hortari** (poet., nkl.): = *co-hortari* (↗ 5) — **de-labi** (von seiner Höhe herabgleiten): h. erlahmen — **re-frigéscere** (*frigus*): „(wieder) erkalten“; ermatten — **constituere** festsetzen, h. festigen — **habitus animi** (feste) innere Haltung

7 **circum-spicere** (*-io*): Ausschau halten, überlegen ↗ W — **munus-culum** kleines Geschenk ↗ W — **éx-cute** („ausschütteln“) **et** (Futur): Parataxe für *si excusseris* (häufiger Satztyp) — **animus** h. Gesinnung — **istuc** (n. Sg.): ~ *illud* — **ad** (**naturam**; **opiniones**): ~ *secundum*

8 **con-geratur**; **pró-vehat** (~ *ex-tollat*) . . . **accedant**: konzessiv — **privatus** h. gewöhnlich — **deliciae** h. Verfeinerung, Komfort — **abs-condere** „verbergen“; h. unsichtbar machen — **non tantum** . . ., **sed** ~ *non solum* . . ., *sed etiam* ↗ W — **calcare** mit Füßen („mit der Ferse“: *calx, -cis*) treten — **pictura** (*pingere*) — **luxuriae**: zu **quidquid** — **e-laborare** (trans.: nkl.): ausarbeiten, ausführen

9 **nascentia** (*desideria*) — **ubi desinant**: Obj. (~ *finem*) zu **non habent** — **terminus** Grenze, Ende — **extremum** ~ *terminus* — **vana** (n. Pl.): Nichtigkeiten — **quod petes**: Subj. der folgenden Doppelfrage — **habere** h. beinhalten — **ali-cubi** irgendwo — **consistere** zum Stehen, h. zur Ruhe kommen — **longe progresso** (*desiderio*)

2. Senecas stoische Ethik

2.1 Philosophische Lebensführung (ep. 20)

1 Si vales et te dignum putas, qui aliquando fias tuus, gaudeo; mea
enim gloria erit, si te istinc, ubi sine spe exeundi fluctuaris, extra-
xero. Illud autem te, mi Lucili, rogo atque hortor, ut philosophiam
in praecordia ima demittas et experimentum profectus tui capias
non oratione nec scripto, sed animi firmitate, cupiditatum demi-
2 nutione: Verba rebus proba. Aliud propositum est declamantibus
et assensionem coronae captantibus, aliud his, qui iuvenum et
otiosorum aures disputatione varia aut volubili detinent: Facere
docet philosophia, non dicere, et hoc exigit, ut ad legem suam
quisque vivat, ne orationi vita dissentiat vel ipsa inter se vita; ut
unus sit omnium actionum color. Maximum hoc est et officium
sapientiae et indicium, ut verbis opera concordent, ut ipse ubique
par sibi idemque sit. „Quis hoc praestabit?" Pauci, aliqui tamen. Est
enim difficile; nec hoc dico, sapientem uno semper iturum gradu,
3 sed una via. Observa te itaque, numquid vestis tua domusque
dissentiant, numquid in te liberalis sis, in tuos sordidus, numquid
cenes frugaliter, aedifices luxuriose; unam semel ad quam vivas
regulam prende et ad hanc omnem vitam tuam exaequa. Quidam
se domi contrahunt, dilatant foris et extendunt: Vitium est haec
diversitas et signum vacillantis animi ac nondum habentis tenorem

---

20,1 **istinc** ~ *inde* — **fluctuari** ↗ W — **prae-cordia, -ium** („was vor dem Herzen ist"): Eingeweide; (nkl., poet.) Brust, Herz ↗ W — **ex-peri-mentum** (*experiri*): „Mittel der Erprobung", Beweis ↗ W — **profectus, -us** (*proficere*): Fortschritt — **de-minu-tio** ↗ *minuere*

2 **propositum** ↗ W — **de-clamare** eine Übungsrede halten (FW) — **as-sensio**: *assentiri* — **corona** (übertr.): Zuhörerschaft (FW) — **oti-osus** Müßiggänger — **disputa-tio**: FW — **varius** abwechslungsreich — **volu-bilis** (*volvere*): gewandt („beweglich") — **ex-igere** ↗ 16, 3 — **suam**: dir. Reflexiv zu *quisque* — **dis-sentire** + Dat. (~ *ab alqa re*) — **color** (übertr.): Färbung, Richtung — **concordare** (*concors*) + Dat. (↗ *dissentire*): übereinstimmen mit — **sit** (Subjekt: *sapiens*)

3 **num-quid** (verstärktes *num*): ob etwa ↗ W — **sordidus** (übertr.): geizig — **frugalis** (*fruges*): sparsam; besonnen ↗ W — **semel** ein für alle Male — **prendere** ~ *prehendere* ↗ W — **ad quam** ~ *secundum quam* (↗ 16, 7) — **ex-aequare** ganz angleichen (**ad hanc**: *regulam*) — **se cón-trahunt**: übertr. — **di-latare** (sc. *se*): sich breit (*lātus*) machen; ~ (*se*) **ex-tendere** — **di-versi-tas** Widersprüchlichkeit — **vacillare** schwanken — **habere tenorem** (nkl., poet.; *tenēre*) **suum** seine Eigenart (gefunden) haben

4 suum. Etiamnunc dicam, unde sit ista inconstantia et dissimilitudo
rerum consiliorumque; nemo proponit sibi, quid velit, nec si pro-
posuit, perseverat in eo, sed transilit; nec tantum mutat, sed redit
5 et in ea, quae deseruit ac damnavit, revolvitur. Itaque, ut relinquam
definitiones sapientiae veteres et totum complectar humanae vitae
modum, hoc possum contentus esse: Quid est sapientia? Semper
idem velle atque idem nolle. Licet illam exceptiunculam non adi-
cias, ut rectum sit, quod velis; non potest enim cuiquam idem
6 semper placere nisi rectum. Nesciunt ergo homines, quid velint, nisi
illo momento, quo volunt; in totum nulli velle aut nolle decretum
est; variatur cotidie iudicium et in contrarium vertitur ac plerisque
agitur vita per lusum. Preme ergo, quod coepisti, et fortasse per-
duceris aut ad summum aut eo, quod summum nondum esse solus
intellegas.
7 „Quid fiet“, inquis, „huic turbae familiarium sine re familiari?“
Turba ista cum a te pasci desierit, ipsa se pascet, aut quod tu
beneficio tuo non potes scire, paupertatis scies: illa veros certosque
amicos retinebit, discedet, quisquis non te, sed aliud sequebatur.
Non est autem vel ob hoc unum amanda paupertas, quod, a quibus
ameris, ostendet? O quando ille veniet dies, quo nemo in honorem
8 tuum mentiatur! Huc ergo cogitationes tuae tendant, hoc cura, hoc
opta, omnia alia vota deo remissurus, ut contentus sis temet ipso
et ex te nascentibus bonis. Quae potest esse felicitas propior? Redige

---

4 **etiam-nunc** (nkl.): ferner — **in-constant-ia** Unausgeglichenheit — **dis-simili-tudo** h. Schwanken bei — **rerum** ~ *actionum* — **sibi proponere** h. sich klarmachen — **persevērare** ↗ W — **tran(s)-silire** (*salire*): (abs.) sprunghaft sein — **mutare** (unkl.: intr.): sich ändern — **re-volvi in alqd** (unkl.): ~ verstärktes *red-ire* . . .

5 **ut relinquam** (sog. praeteritio): um zu übergehen — **definitio**: FW — **modus** h. Ausmaß, Fülle — **licet** + Konj.: mag auch ↗ W — **ex-cepti-un-cula** (*ex-cipere*): kleine Ausnahme

6 **in totum** fürs ganze, für immer — **nulli** (= *nemini*) **decretum est** keiner hat einen klaren Beschluß gefaßt, ist sich im klaren über (*velle aut nolle*) — **variari** ~ *mutari* — **plerisque** (dat. auct.) **agitur** (~ *teritur*) **vita per lusum** (~ *ludum*): . . . zum Zeitvertreib — **premere** unerschütterlich festhalten an; *preme . . . et perducēris*: Parataxe ↗ 16, 7 — **summum** das höchste Ziel — **eo** (Adv.): = *ad id* — **intéllegas**: Potentialis

7 **quid fiet mihi**? was wird/soll aus mir werden? — **paupertatis** (*beneficio*) — **illa** (*paupertas*): „sie“ — **non**: bei Fragen oft ~ *nonne* ↗ W — **vel** sogar schon — **in (honorem)**: bezeichnet die Absicht

8 **remissurus** (nkl. Gebrauch des Part. Fut.): bereit/entschlossen zu überlassen — **temet**: verstärktes *te* — **felici-tas** (*felix*) ↗ W — **se redigere ad** h. sich beschränken auf

te ad parva, ex quibus cadere non possis, idque ut libentius facias,
ad hoc pertinebit tributum huius epistulae, quod statim conferam.
9 Invideas licet, etiam nunc libenter pro me dependet Epicurus.
„Magnificentior, mihi crede, sermo tuus in grabatto videbitur et in
panno; non enim dicentur tantum illa, sed probabuntur." Ego certe
aliter audio, quae dicit Demetrius noster, cum illum vidi nudum,
quanto minus quam stramentis incubantem: Non praeceptor veri,
10 sed testis est. „Quid ergo? Non licet divitias in sinu positas contem-
nere?" Quidni liceat? Et ille ingentis animi est, qui illas circumfusas
sibi, multum diuque miratus, quod ad se venerint, ridet suasque
audit magis esse, quam sentit. Multum est non corrumpi divitiarum
11 contubernio; magnus ille, qui in divitis pauper est. „Nescio", inquis,
„quomodo paupertatem iste laturus sit, si in illam inciderit." Nec
ego, Epicure, an nudus iste pauper contempturus sit divitias, si in
illas inciderit; itaque in utroque mens aestimanda est inspiciendum-
que, an ille paupertati indulgeat, an hic divitiis non indulgeat.
Alioquin leve argumentum est bonae voluntatis grabattus aut pan-
nus, nisi apparuit aliquem illa non necessitate pati, sed malle.
12 Ceterum magnae indolis est ad ista non properare tamquam me-
liora, sed praeparari tamquam ad facilia. Et sunt, Lucili, facilia; cum
vero multum ante meditatus accesseris, iucunda quoque; inest enim

---

cadere ~ *expelli* — **ad hoc** („darauf"): Rückbezug zum *ut*-Satz — **conferre (tributum)**: zahlen, entrichten

9 **licet** ↗ W — **de-péndere** bezahlen — **magni-ficentior** (Komp. zu *magnificus*): h. wirkungsvoller — **grabat(t)us** (gr.): niedriges Ruhebett — **pannus** („Fahne"; ital. *panno*): Stück Tuch, Lumpen — **illa** (n. Pl.): *grabattus et pannus* — **probare** h. vor Augen führen — **nudus** h. halbnackt — **quanto minus** (*hoc est*) **quam** (*si vidissem*): i. Dt. „nicht einmal" (Hauck 12) — **stra-mentum** bzw. Pl. (*sternere*; *stratum*): Stroh(sack) — **in-cubare alci rei** liegen auf etw. — **praeceptor** (*prae-cipere*): ~ *magister* — **veri** ↗ *verum* (subst.)

10 **non** . . .? ↗ 7 — **quidni** . . .? (stets + Konj.): warum nicht? ↗ W — **illas** (*divitias*) **circum-fusas sibi** (= *quae ei circumfusa sunt* ~ *quae eum circumdant*) . . . **ridet** — **con-tubernium** (*taberna*): Zeltgenossenschaft, Umgang mit (+ Gen.) ↗ W — **(in) divitīs** = *divitiis*

11 **nec ego** (sc. *scio*) **an** („ob": nkl.) — **nudus** ↗ 9 — **mens** h. die (innere) Gesinnung — **in-spicere** (FW): darauf schauen/achten — **an** (nkl.): ob ↗ W — **indulgere** nachgeben, **non indulgere** widerstehen — **alió-qui(n)** (Adv.): sonst; im übrigen ↗ W — **leve** (*argumentum*): nicht stichhaltig — **illa** (n. Pl.): ~ *grabattum et pannum* (↗ 9)

12 **ista** ~ 11 *illa* — **tamquam** (*ad*) **meliora** — **praeparari** (*ad ista*) — **et (sunt)**: mit vorgezogenem Verbum „und tatsächlich" — **cum** + Konj.: „sooft" (vor allem nkl.) — **meditatus** ~ *praeparatus* — **iucunda quoque** (*sunt*)

13 illis, sine qua nihil est iucundum, securitas. Necessarium ergo iudico id, quod tibi scripsi magnos viros saepe fecisse, aliquos dies interponere, quibus nos imaginaria paupertate exerceamus ad veram; quod eo magis faciendum est, quod deliciis permaduimus et omnia dura ac difficilia iudicamus. Potius excitandus e somno et vellicandus est animus admonendusque naturam nobis minimum constituisse. Nemo nascitur dives; quisquis exit in lucem, iussus est lacte et panno esse contentus: ab his initiis nos regna non capiunt. Vale.

2.2 Ethische Grundprinzipien und „Güter"-Lehre der Stoa

(ep. 74, 1–11; 16–21)

1 Epistula tua delectavit me et marcentem excitavit; memoriam quoque meam, quae iam mihi segnis ac lenta est, evocavit. Quidni tu, mi Lucili, maximum putes instrumentum vitae beatae hanc persuasionem unum bonum esse, quod honestum est? Nam qui alia bona iudicat, in fortunae venit potestatem, alieni arbitrii fit: qui omne
2 bonum honesto circumscripsit, intra se felix est. Hic amissis liberis maestus, hic sollicitus aegris, hic turpibus et aliqua sparsis infamia tristis; illum videbis alienae uxoris amore cruciari, illum suae; non
3 deerit, quem repulsa distorqueat; erunt, quos ipse honor vexet. Illa vero maxima ex omni mortalium populo turba miserorum, quam exspectatio mortis exagitat undique impendens; nihil enim est, unde non subeat. Itaque, ut in hostili regione versantibus, huc et illuc circumspiciendum est et ad omnem strepitum circumagenda

---

securitas (*se-curus*): Sorglosigkeit ↗ W

13 **inter-ponere** einschieben — **imaginarius** (FW): nur vorgestellt, Schein- — **per-madéscere** (*-ui*): ganz naß werden, erschlaffen — **vellicare** „zupfen", anregen, aufstacheln — **animus (noster)**: ~ *nos* — **constituere** h. als nötig festsetzen — **iussus est** ~ *debet* — **pannus** (↗ 9): h. Windel — **ab his** (~ *talibus*) **in-itiis**: nach, bei ... — **capere** für sich einnehmen, locken

74,1 **marcēre** („morsch"): schlaff, matt sein — **segnis, -e** träg, lässig ↗ W — **e-vocare** hervorrufen, wecken — **quidni** ↗ W — **instrumentum** (Präd.-N.): Mittel zur Erreichung ... — **fieri** + Gen.: h. abhängig werden von — **circum-scribere** + Abl.: umschreiben mit, begrenzen auf

2 **hic**: sc. *est* — **aegris/turpibus/sparsis**: sc. *liberis* — **re-pulsa** (*re-pellere*): Zurückweisung bei der Amtsbewerbung — **dis-torquēre** h. martern, quälen

3 **maxima**: erg. *est* — **populus** (übertr.): Schar — **ex-agitare** aufscheuchen, beunruhigen — **sub-ire** unbemerkt herantreten (↗ 89, 9 *sub-repere*) — **versantibus** (dat. auct.): sc. *circumspiciendum est* (↗ W) — **circum-agere** h. (herum)drehen

cervix; nisi hic timor e pectore eiectus est, palpitantibus praecordiis
4 vivitur. Occurrent acti in exilium et evoluti bonis; occurrent, quod
genus egestatis gravissimum est, in divitis inopes; occurrent nau-
fragi similiave naufragis passi, quos aut popularis ira aut invidia,
perniciosum optimis telum, inopinantis securosque disiecit procel-
lae more, quae in ipsa sereni fiducia solet emergere, aut fulminis
subiti, ad cuius ictum etiam vicina tremuerunt. Nam ut illic, quis-
quis ab igne propior stetit, percusso similis obstipuit, sic in his per
aliquam vim accidentibus unum calamitas opprimit, ceteros metus,
5 paremque passis tristitiam facit pati posse. Omnium animos mala
aliena ac repentina sollicitant. Quemadmodum aves etiam inanis
fundae sonus territat, ita nos non ad ictum tantum exagitamur, sed
ad crepitum. Non potest ergo quisquam beatus esse, qui huic se
opinioni credidit. Non enim beatum est, nisi quod intrepidum; inter
6 suspecta male vivitur. Quisquis se multum fortuitis dedit, ingentem
sibi materiam perturbationis et inexplicabilem fecit: una haec via
est ad tuta vadenti, externa despicere et honesto esse contentum.
Nam qui aliquid virtute melius putat aut ullum praeter illam bo-
num, ad haec, quae a fortuna sparguntur, sinum expandit et solli-
7 citus missilia eius exspectat. Hanc enim imaginem animo tuo pro-
pone, ludos facere fortunam et in hunc mortalium coetum honores,

---

cervix, -cis ~ *cervices, -um* — **palpitare** zucken, klopfen — **praecordia** ↗ W
4 **e-volutus** (*volvere*): h. verdrängt aus (nkl.) — **divitīs** = *divitiis* — **naú-fragus** (*navis, frangere*) — **popularis (ira)**: ~ *populi* (Gen.) — **inopinantīs securosque**: präd. zu **quos** — **dis-icere** (*-io*): h. zerstreuen — **more** + Gen.: wie (+ Nom.) — **procella** Sturm — **serenum** (nkl., poet.): heiteres Wetter — **e-mergere** h. entstehen — **fulminis** (*more*) — **ictus, -us** h. Einschlag — **vicina**: n. Pl. (subst.) — **illic** in letzterem Falle — **igne** ~ *fulmine* — **ob-stipéscere** (*stupēre*): erstarren, betäubt werden — **tremuerunt**, **stetit**, **obstipuit** (sog. gnomisches Perf.): im Dt. Präs. — **vis** äußere Gewalt — **in his . . . accidentibus** (↗ *accidit*): n. Pl. — **parem passis trist-itiam** ~ *tristitiam, quae par est tristitiae eorum, qui passi sunt* — **pati posse facit** die Möglichkeit, etwas (Bestimmtes) zu erleiden, bewirkt
5 **funda** (Stein-)Schleuder — **territare** ~ (*valde*) *terrere* — **ictus, -us** ↗ 4 — **exagitare** ↗ 3 — **crepitus, -us** das Krachen, der Donnerschlag — **opinio** Wahn — **se credere** ~ *se permittere* — **in-trepidus** ↗ W
6 **fortuītus** zufällig — **in-explica-bilis** (nkl.): unentwirrbar, endlos — **se dedit, fecit**: gnom. Perf. ↗ 4 — **externa, -orum** äußere Dinge/Güter — **sinus, -us** „Bausch des Gewandes", im Dt. Arme, Schoß (↗ 20, 10) — **ex-pándere** (FW): ausdehnen, ausbreiten, öffnen — **missilia** (n. Pl.): h. ~ *res missas* ~ *dona*
7 **(imaginem) proponere** sich (in Gedanken) vorstellen

divitias, gratiam excutere, quorum alia inter diripientium manus
scissa sunt, alia infida societate divisa, alia magno detrimento eo-
rum, in quos devenerant, prensa. Ex quibus quaedam aliud agen-
tibus inciderunt, quaedam, quia nimis captabantur, amissa et, dum
avide rapiuntur, expulsa sunt: nulli vero, etiam cui rapina feliciter
cessit, gaudium rapti duravit in posterum. Itaque prudentissimus
quisque, cum primum induci videt munuscula, a theatro fugit et scit
magno parva constare. Nemo manum conserit cum recedente,
8 nemo exeuntem ferit: circa praemium rixa est. Idem in his evenit,
quae fortuna desuper iactat: aestuamus miseri, distringimur, multas
habere cupimus manus, modo in hanc partem, modo in illam
respicimus; nimis tarde nobis mitti videntur, quae cupiditates no-
9 stras irritant, ad paucos perventura, exspectata omnibus; ire obviam
cadentibus cupimus; gaudemus, si quid invasimus invadendique
aliquos spes vana delusit; vilem praedam magno aliquo incom-
modo luimus aut subinde fallimur. Secedamus itaque ab istis ludis
et demus raptoribus locum; illi spectent bona ista pendentia et ipsi
magis pendeant.
10 Quicumque beatus esse constituet, unum esse bonum putet, quod
honestum est; nam si ullum aliud existimat, primum male de pro-
videntia iudicat, quia multa incommoda iustis viris accidunt, et
quia, quidquid nobis dedit, breve est et exiguum, si compares mundi
11 totius aevo. Ex hac deploratione nascitur, ut ingrati divinorum
interpretes simus: querimur, quod non semper, quod et pauca nobis

---

ex-cutere (*-io*): „ausschütteln", h. zuwerfen — **quorum** und **alia**: die genannten Gaben (zum Genus ↗ 20, 9 *illa*) — **diripere** h. sich (darum) reißen — **infidā societate**: Oxymoron — **magno detrimento**: Begleitumstand („unter, zu") — **de-venire** gelangen — **prendere** ↗ W — **scissa/divisa/prensa sunt, inciderunt** . . .: gnom. Perf. — **incidere** + Dat.: h. zufallen — **nimis** h. allzu wild — **expellere** fortstoßen — **cedere** + Adv.: verlaufen, ausgehen — **cum primum**: h. mit hist. Präs. — **munus-culum** ↗ W — **manum conserere** („die Hand zusammenfügen"): handgemein werden — **rixa** Streit, Rauferei

8 **dé-super** (poet., nkl.): von oben herab — **aestuare** h. heftig erregt sein — **di-stringi** h. sich die Glieder verrenken — **respicere** h. sich umsehen, blicken — **mittere** (∼ *de-mittere*): h. zuwerfen

9 **cadentibus** ∼ *de-cidentibus* (*munusculis*) — **invadere** h. sich gewaltsam aneignen — **de-ludere** täuschen, narren — **luere** h. bezahlen — **sub-inde** unmittelbar darauf — **bona** ∼ *munuscula*

10 **constituere** h. sich als Ziel setzen — **existimat** (*bonum*) — **quidquid** (erg. *boni*) **nobis dedit** (*providentia*: ↗ W) — **cómpares** (+ Dat.: vergleichen): Pot.

11 **de-plora-tio** (nkl.): das Beklagen, Jammern — **nascitur ut**: vgl. *fit ut* — **divina** (subst.): ∼ *dona divina* — **intérpres** h. Deuter

et incerta et abitura contingant. Inde est, quod nec vivere nec mori volumus: vitae nos odium tenet, timor mortis. Natat omne consilium nec implere nos ulla felicitas potest. Causa autem est, quod non pervenimus ad illud bonum immensum et insuperabile, ubi necesse est resistat voluntas nostra, quia ultra summum non est locus. . . .

16 Considera tu itaque, an id bonum vocandum sit, quo deus ab homine, homo ab animalibus vincitur. Summum bonum in animo contineamus: obsolescit, si ab optima nostri parte ad pessimam transit et transfertur ad sensus, qui agiliores sunt animalibus mutis. Non est summa felicitatis nostrae in carne ponenda: bona illa sunt vera, quae ratio dat, solida ac sempiterna, quae cadere non possunt,
17 ne decrescere quidem ac minui. Cetera opinione bona sunt et nomen quidem habent commune cum veris, proprietas in illis boni non est; itaque commoda vocentur et, ut nostra lingua loquar, producta. Ceterum sciamus mancipia nostra esse, non partes, et sint apud nos, sed ita, ut meminerimus extra nos esse; etiam si apud nos sint, inter subiecta et humilia numerentur, propter quae nemo se attollere debeat. Quid enim stultius quam aliquem eo sibi placere, quod ipse
18 non fecit? Omnia ista nobis accedant, non haereant, ut, si abducentur, sine ulla nostri laceratione discedant. Utamur illis, non gloriemur, et utamur parce tamquam depositis apud nos et abituris. Quisquis illa sine ratione possedit, non diu tenuit; ipsa enim se felicitas, nisi temperatur, premit. Si fugacissimis bonis credidit, cito

---

abiturus vergänglich — **inde est quod** ~ *quo fit ut* — **natare** schwimmen; schwanken — **resistere** zum Stillstand kommen

16 **an** ↗ W — **in animo continere** auf das Geistige beschränken — **ob-soléscere** (FW obsolet): sich abnutzen, an Geltung verlieren — **nostri**: h. partitiv — **ágilis** (FW agíl): beweglich, lebendig — **animalibus**: Dat. — **summa** h. Höchstmaß — **cadere** ~ *perire* — **de-crescere** (// *crescere*): abnehmen

17 **cetera** (*bona*) — **veris** (*bonis*) — **proprietas boni** ein eigen(tlich)er Wert — **nostrā** (~ *Stoicorum*) **linguā** — **producta, -orum** vorzuziehende Dinge — **ceterum** ↗ W — **scire** (h. sich bewußt bleiben): sc. *ea* (*commoda*) — **mancipium** Besitz — **partes**: sc. *nostri* (16) — **ita** nur so weit — **subiectus** (*nobis*): untergeordnet — **(numerare) inter** ~ *in alqa re* — **se attollere** („sich überheben"): ~ *gloriari* (18), *sibi placere*

18 **accedere** + Dat.: herantreten an — **sine ulla nostri laceratione** ~ *ita, ut nulla pars nostri laceretur* — **de-ponere** hinterlegen, zur Verwahrung übergeben (FW) — **abiturus** ↗ 11 — **possedit** (↗ *possídere*), **tenuit, credidit**: gnom. Perf. — **temperare** h. maßvoll gebrauchen — **se premere** sich zur Last fallen — **fugax, -cis** (*fugere*): flüchtig, unbeständig ↗ W — **si**: erg. *quis* (↗ *quisquis*)

deseritur, et, ut deseratur, affligitur. Paucis deponere felicitatem molliter licuit: ceteri cum iis, inter quae eminuere, labuntur, et illos
19 degravant ipsa, quae extulerant. Ideo adhibebitur prudentia, quae modum illis ac parsimoniam imponat, quoniam quidem licentia opes suas praecipitat atque urget, nec umquam immodica durarunt, nisi illa moderatrix ratio compescuit. Hoc multarum tibi urbium ostendet eventus, quarum in ipso flore luxuriosa imperia ceciderunt, et quidquid virtute partum erat, intemperantia corruit. Adversus hos casus muniendi sumus. Nullus autem contra fortunam inexpugnabilis murus est: intus instruamur; si illa pars tuta est,
20 pulsari homo potest, capi non potest. Quod sit hoc instrumentum, scire desideras? Nihil indignetur sibi accidere sciatque illa ipsa, quibus laedi videtur, ad conservationem universi pertinere et ex iis esse, quae cursum mundi officiumque consummant; placeat homini, quidquid deo placuit; ob hoc ipsum se suaque miretur, quod non potest vinci, quod mala ipsa sub se tenet, quod ratione, qua
21 valentius nihil est, casum doloremque et iniuriam subigit. Ama rationem! Huius te amor contra durissima armabit. Feras catulorum amor in venabula impingit feritasque et inconsultus impetus praestat indomitas; iuvenilia nonnumquam ingenia cupido gloriae in contemptum tam ferri quam ignium misit; species quosdam atque umbra virtutis in mortem voluntariam trudit: quanto his

---

ut: konzess. — **paucis licuit** ~ *pauci potuerunt* — **deponere** h. verzichten auf — **molliter** ~ *aequo animo* — **dé-gravant** (poet., nkl.; *gravis*): niederdrücken — **efferre** emporheben (*illos*)

19 **adhibebitur**: Futur ~ Imperativ — **parsi-monia** (*parcere*): Sparsamkeit ↗ W; h. sparsamer Gebrauch — **(quoniam) quidem** „ja" — **im-modica** (n. Pl.): Maßlosigkeit — **modera-trix** Mäßigerin; mäßigend (f.) — **com-péscere** in Schranken halten — **durarunt, compescuit**: gnom. Perf. — **in ipso flore**: zu **ceciderunt** — **imperia**: im Dt. Sing. — **in-temperantiā** — **cor-rúere** (intr.): zusammen-, einstürzen — **muniendi**: zu **muniri** (sich schützen) — **in-expugna-bilis** — **intus** ~ *intra nos* (↗ 1 *intra se*) — **instrui** sich rüsten (↗ 21 *armare*) — **homo** „man"

20 **desideras, quaeris** etc.: Solche belebenden Fragen stehen ohne Fragepartikel. — **scire** ↗ 17 — **videtur**: im Dt. „scheinbar" — **ex iis esse** dazu gehören — **consummare** zur höchsten Vollendung bringen ↗ W — **mala . . . sub se tenet** ~ *mala . . . tenet subiecta*

21 **feras**: Subst. — **catulus** (Tier-)Junges — **vena-bulum** (*venari*): Jagdspieß — **im-pingere** (wohin) treiben — **feritas** (*ferus*): Wildheit — **in-consultus** unüberlegt — **praestat** (*eas*): ~ *facit* — **in-domitus** (*domare*): ↗ W — **iuven-īlis** jugendlich — **contemptus, -us** Verachtung (aktivisch: nkl.) — **misit** (gnom. Perf.): ~ *im-mittit* — **species** äußerer Schein — **trúdere** stoßen, treiben ↗ W

omnibus fortior ratio est, quanto constantior, tanto vehementius per metus ipsos et pericula exibit...

2.3 Zusammenhang von Ethik und (Meta-)Physik: Göttlicher Geist in der Natur und im Menschen (ep. 41)

1 Facis rem optimam et tibi salutarem, si, ut scribis, perseveras ire ad bonam mentem, quam stultum est optare, cum possis a te impetrare. Non sunt ad caelum elevandae manus nec exorandus aedituus, ut nos ad aurem simulacri, quasi magis exaudiri possimus,
2 admittat: prope est a te deus, tecum est, intus est. Ita dico, Lucili: sacer intra nos spiritus sedet, malorum bonorumque nostrorum observator et custos; hic, prout a nobis tractatus est, ita nos ipse tractat. Bonus vero vir sine deo nemo est: an potest aliquis supra fortunam, nisi ab illo adiutus, exsurgere? Ille dat consilia magnifica et erecta. In unoquoque virorum bonorum (quis deus incertum est)
3 habitat deus. Si tibi occurrerit vetustis arboribus et solitam altitudinem egressis frequens lucus et conspectum caeli densitate ramorum aliorum alios protegentium summovens, illa proceritas silvae et secretum loci et admiratio umbrae in aperto tam densae atque continuae fidem tibi numinis faciet. Si quis specus saxis penitus exesis montem suspenderit, non manu factus, sed naturalibus causis in tantam laxitatem excavatus, animum tuum quadam religionis

---

vehemens h. energisch — **exire per** entrinnen aus; Subj. ist *ratio* statt der Menschen.

41,1 **salut-aris, -e** heilsam, nützlich — **persevērare** ↗ W — **ire** h. streben — **e-levare** (*levis*): erheben (*ex-* in die Höhe) — **ex-orare**: *ex-* „ganz und gar" — **aedituus** (*aedes, -is*): Tempelaufseher — **ex-audire** erhören — **ad-mittere ad** h. heranlassen an — **prope a** (wie *procul a*): ~ *prope* + Akk.

2 **malorum bonorumque**: n. Pl. — **ob-serva-tor**: nkl. — **pro-ut** je nachdem — **ex-surgere** ↗ 1 *e-levare* — **magní-ficus** (übertr.): erhaben — **erectus** (übertr.): aufrecht, hochherzig

3 **occurrere** h. zu Gesicht kommen — Ordne: *lucus* (*arboribus vetustis et egressis*...) *frequens et*... — **egressus** (*egredi*) + Akk.: überragend — **frequens** + Abl.: „reich an", h. bestehend aus vielen... — **lucus** heiliger Hain — **pro-tegere** h. verdecken — **sum-movere** h. nehmen — **procēritas** hoher Wuchs — **secretum** Abgeschiedenheit — **in aperto** im Freien — **continuus** h. lückenlos — **fidem facere** den Glauben vermitteln — **specus, -us** Höhle, Grotte — **pénitus** (Adv.): tief hinein — **ex-ēsus** (*ĕdere*): „zerfressen", ausgehöhlt — **suspéndere** h. frei schwebend erscheinen lassen — **laxitas** Weite — **in** + Akk.: Bezeichnung der Wirkung („zu") — **ex-cavare** (↗ 1 *ex-orare*) — **religio** h. ~ *numen*

suspicione percutiet. Magnorum fluminum capita veneramur; sub-
ita ex abdito vasti amnis eruptio aras habet; coluntur aquarum
calentium fontes, et stagna quaedam vel opacitas vel immensa
4 altitudo sacravit. Si hominem videris interritum periculis, intactum
cupiditatibus, inter adversa felicem, in mediis tempestatibus pla-
cidum, ex superiore loco homines videntem, ex aequo deos, non
subibit te veneratio eius? Non dices „ista res maior est altiorque,
5 quam ut credi similis huic, in quo est, corpusculo possit“? Vis isto
divina descendit; animum excellentem, moderatum, omnia tam-
quam minora transeuntem, quidquid timemus optamusque, riden-
tem caelestis potentia agitat. Non potest res tanta sine adminiculo
numinis stare; itaque maiore sui parte illic est, unde descendit.
Quemadmodum radii solis contingunt quidem terram, sed ibi sunt,
unde mittuntur, sic animus magnus ac sacer et in hoc demissus, ut
propius divina nossemus, conversatur quidem nobiscum, sed hae-
ret origini suae; illinc pendet, illuc spectat ac nititur, nostris tam-
6 quam melior interest. Quis est ergo hic animus? Qui nullo bono nisi
suo nitet. Quid enim est stultius quam in homine aliena laudare?
Quid eo dementius, qui ea miratur, quae ad alium transferri pro-
tinus possunt? Non faciunt meliorem equum aurei freni. Aliter leo
aurata iuba mittitur, dum contractatur et ad patientiam recipiendi
ornamenti cogitur, fatigatus, aliter incultus, integri spiritus: hic
scilicet impetu acer, qualem illum natura esse voluit, speciosus ex

---

suspicio h. unsichere Ahnung — **capita** ~ *fontes* — **abditum** (verborgene) Tiefe — **e-ruptio**: FW — **calēre** warm/heiß sein ↗ W — **stagnum** See, Teich ↗ W — **opacitas** Schattigkeit, h. schattige Umgebung

4 **in-tactus** (*tangere*): FW — **ex aequo** aus gleicher Höhe — **non . . .?** ↗ W — **subire** überkommen, beschleichen — **res** „etwas“ — **altus** h. erhaben — **corpus-culum** schwacher Körper — **similis** + Dat.: h. vereinbar mit

5 **isto** (Adv.): i. e. *in istud corpusculum* — **agitare** h. beleben — **res** ↗ 4 — **ad-miniculum** Stütze, Hilfe — **stare** h. Bestand haben — **sui**: partitiv — **est/descendit**: *animus* — **in hoc . . . ut** ↗ W — **propius** (Adv.): h. aus größerer Nähe — **nossemus** ~ *novissemus* — **conversari** Umgang haben/verkehren mit (FW Konversation) — **haerere**: selten + Dat. — **niti** (*illuc*): streben nach — **nostris** (Neutr.): zu **interest** ~ *conversatur nobiscum* — **tamquam** (*sit*) **melior** (*illis*)

6 Plur. zu *frenum*: *frena* und meist **freni** — **aureus** 1. aus Gold 2. (h.) vergoldet, goldgeschmückt ~ *aur-atus* (*-atus* „versehen mit“) — **iuba** Mähne — **mittitur** er wird losgelassen, tritt auf (im Amphitheater) — **contractare** betasten, streicheln — **in-cultus** ~ *sine cultu* — **integri spiritūs** von ungebrochener Wildheit (// *fatigatus*) — **hic** (*incultus*) . . . **praefertur** — **speciosus** ansehnlich, herrlich

horrido, cuius hic decor est, non sine timore aspici, praefertur illi
7 languido et bratteato. Nemo gloriari nisi suo debet. Vitem lauda-
mus, si fructu palmites onerat, si ipsa pondere ad terram eorum,
quae tulit, adminicula deducit: num quis huic illam praeferret vi-
tem, cui aureae uvae, aurea folia dependent? Propria virtus est in
vite fertilitas; in homine quoque id laudandum est, quod ipsius est.
Familiam formonsam habet et domum pulchram, multum serit,
8 multum fenerat: nihil horum in ipso est, sed circa ipsum. Lauda in
illo, quod nec eripi potest nec dari, quod proprium hominis est.
Quaeris, quid sit? Animus et ratio in animo perfecta. Rationale
enim animal est homo; consummatur itaque bonum eius, si id
9 implevit, cui nascitur. Quid est autem, quod ab illo ratio haec
exigat? Rem facillimam; secundum naturam suam vivere. Sed hanc
difficilem facit communis insania: in vitia alter alterum trudimus.
Quomodo autem revocari ad salutem possunt, quos nemo retinet,
populus impellit? Vale.

(ep. 107, 8–12)

8 Natura . . . hoc, quod vides, regnum mutationibus temperat: nubilo
serena succedunt; turbantur maria, cum quieverunt; flant invicem
venti; noctem dies sequitur; pars caeli consurgit, pars mergitur:
9 Contrariis rerum aeternitas constat. Ad hanc legem animus noster
aptandus est; hanc sequatur, huic pareat; et quaecumque fiunt,
debuisse fieri putet nec velit obiurgare naturam. Optimum est pati,

---

ex horrido infolge seiner Wildheit — **hic** („dies"): Vorbereitung des Inf. — **decor, -ōris** (m.): Schmuck — **bratte-atus** ↗ *brattea* dünnes Goldblättchen

7 **vitis, -is** (f.): Weinstock, Rebenschößling — **palmes, -itis** (m.): Schößling, Zweig, Rebe — **ipsa**: zu *adminicula* (↗ 5) — **de-ducit** (*vitis*): herabzieht (*ad terram*) — **uva** Traube — **aureus** ↗ 6 — **de-pendēre** — **virtus** Leistung, Vorzug — **fertilitas** (*ferre*): Fruchtbarkeit — **familia** h. Dienerschaft — **form-o(n)sus** — **fenerare** (unkl. = *fenerari*): auf Zinsen anlegen, leihen

8 **quaeris . . .?** ↗ 74, 20 — **animus** Seele — **ratio** Vernunft — **rationalis** vernunftbegabt — **consummare** ↗ W — **itaque**: nkl. oft nachgestellt — **bonum** Vorzug

9 **hanc** (*rem*) — **in-san-ia** (*insanus*): Verrücktheit, Unvernunft — **trúdere** ↗ W — **re-tinet** (*a vitiis*) — **im-pellit** (*in vitia*)

107,8 **muta-tionibus** unter ständigem Wechsel — **regnum temperare** die Herrschaft (maßvoll) ausüben — **nubilum** (subst.; ↗ *nubes*): Gewölk, trübes Wetter — **serena, -orum** ~ (*caelum*) *serenum* (74, 4) — **con-surgit** — **contraria** (n. Pl.) **rerum** Gegensätze der Naturerscheinungen — **constare** + Abl.: beruhen auf

9 **aptari** (*aptus*): sich anpassen — **ob-iurgare** tadeln, schelten

quod emendare non possis, et deum, quo auctore cuncta proveniunt, sine murmuratione comitari: Malus miles est, qui imperato-
10 rem gemens sequitur. Quare impigri atque alacres excipiamus imperia nec deseramus hunc operis pulcherrimi cursum, cui, quidquid patiemur, intextum est; et sic alloquamur Iovem, cuius gubernaculo moles ista dirigitur, quemadmodum Cleanthes noster versibus disertissimis alloquitur, quos mihi in nostrum sermonem mutare permittitur Ciceronis, disertissimi viri, exemplo. Si placuerint, boni consules; si displicuerint, scies me in hoc secutum Ciceronis exemplum.

11 Duc, o parens celsique dominator poli,
quocumque placuit: Nulla parendi mora est;
adsum impiger. Fac nolle, comitabor gemens
malusque patiar facere, quod licuit bono.
Ducunt volentem fata, nolentem trahunt.

12 Sic vivamus, sic loquamur; paratos nos inveniat atque impigros fatum. Hic est magnus animus, qui se ei tradidit; at contra ille pusillus et degener, qui obluctatur et de ordine mundi male existimat et emendare mavult deos quam se. Vale.

2.4 Schicksal und Freiheit: Paränese zum Kampf gegen voluptas (als Gut der fortuna) im Namen der libertas (ep. 51)

1 Quomodo quisque potest, mi Lucili: tu istic habes Aetnam, excelsum et nobilissimum Siciliae montem . . ., nos, utcumque possumus, contenti sumus Bais; quas postero die, quam attigeram, reli-

---

pro-venire („hervorkommen"): ~ *nasci* — **murmura-tio** das Murren

10 **im-piger, -gra, -grum** unverdrossen, fleißig ↗ W — **opus pulcherrimum**: i. e. *mundus* — **in-texere** — **ál-loqui** anreden ↗ W — **guberna-culum** ↗ W; h. Leitung — **moles ista**: i. e. *mundus* — **di-rigere** (FW): lenken — **noster**: i. e. *Stoicus* (↗ 74, 17) — **disertus** beredt, klar ↗ W — **mutare** h. übersétzen — **permittitur** (unkl.): ~ *licet* — **boni** (gen. pretii) **consulere** (unkl.): gutheißen — **dis-plicēre** // *placere* — **scies** ~ Imperativ

11 **domin-ator** ~ *dominus* — **polus** (griech.; unkl.): Pol; Himmel(sgewölbe) — **duc . . . quo-cumque** (Adv.) **placuit** (gnom. Perf.) — **fac** gesetzt den Fall; **fac** (*me*) **nolle** — **malus**: präd. — **quod** (*mihi*) **licuit** (*facere*) **bono** (präd.)

12 **ei** = *fato* — **pusillus** (sc. *animus est*): klein, kleinmütig — **dé-gener** aus der Art geschlagen — **ob-luctari** entgegen-kämpfen; sich sträuben

51,1 **quomodo . . . potest**: erg. *ita facit* — **istic** dort bei dir — **ex-celsus** ~ *celsus* — **ut-cumque** — **Baiae, -arum**: Seebad im Golf von Neapel — (**postero die**) **quam** *nachdem* — **at-tingere** (*tangere*): berühren, h. betreten

qui, locum ob hoc devitandum, cum habeat quasdam naturales dotes, quia illum sibi celebrandum luxuria desumpsit.
2 „Quid ergo? Ulli loco indicendum est odium?“ Minime; sed quemadmodum aliqua vestis sapienti ac probo viro magis convenit quam aliqua, nec ullum colorem ille odit, sed aliquem parum putat aptum esse frugalitatem professo, sic regio quoque est, quam sapiens vir aut ad sapientiam tendens declinet tamquam alienam
3 bonis moribus. Itaque de secessu cogitans numquam Canopum eliget, quamvis neminem Canopus esse frugi vetet, ne Baias quidem: deversorium vitiorum esse coeperunt. Illic sibi plurimum luxuria permittit, illic, tamquam aliqua licentia debeatur loco,
4 magis solvitur. Non tantum corpori, sed etiam moribus salubrem locum eligere debemus; quemadmodum inter tortores habitare nolim, sic ne inter popinas quidem. Videre ebrios per litora errantes et comessationes navigantium et symphoniarum cantibus strepentes lacus et alia, quae velut soluta legibus luxuria non tantum peccat,
5 sed publicat, quid necesse est? Id agere debemus, ut irritamenta vitiorum quam longissime profugiamus; indurandus est animus et a blandimentis voluptatum procul abstrahendus. Una Hannibalem hiberna solverunt et indomitum illum nivibus atque Alpibus virum
6 enervaverunt fomenta Campaniae: armis vicit, vitiis victus est.

---

ob hoc zu **quia** — **de-vitare**: *de-* verstärkt — **cum** obwohl — **dos, dotis** (f.): Mitgift; „Gabe“ (Sen.) — **de-sumere** ~ *de-ligere*

2 **indicendum**: Gerundiv h. „dürfen“ — **convenire alci** passen für jd — **aliqua . . . aliqua** ~ abgeschwächtes *alia . . . alia* — **aliquem** (*colorem*) — **frugalitas** (*frugalis* ↗ W): Sparsamkeit; Besonnenheit, Genügsamkeit — **profiteri alqd** sich zu etw. bekennen — **tendere ad** ~ *studere* + Dat. — **declīnare** ~ *de-vitare* (1) — **alienus** unangemessen

3 **se-cessus, -us** Abgeschiedenheit; einsamer Ort — **Canōpus**: ägyptische Stadt — **frugi** (indecl.): h. = *frugalem* — **ne . . . quidem** auch . . . nicht — **deversorium** (*de-verti* sich vom Weg abwenden, einkehren): Einkehr, Absteigequartier — **aliqua** (prägn.): beträchtlich, ein besonderes Maß an — **solvitur** fühlt sich der Fesseln ledig

4 **tortor** (*torquēre*): Folterknecht — **popīna** Garküche, Kneipe — **ne . . . quidem** ↗ 3 — **ebrius** betrunken — **comessatio** fröhlicher Umzug (mit Trinkgelagen) — **symphōnia** (συμφωνία): „Zusammenklang“; Instrumentalmusik, Orchester — **cantus, -us** Gesang, Klang — **strepere** lärmen; (nkl.) ertönen; **strepentes lacus**: zeugmatisch zu **videre** — **publicat** ~ *publice peccat*

5 **irrita-mentum** — **in-durare** (trans.): abhärten — **blandi-mentum** Verlockung — **solvere** (nkl.): schwächen — **indomitus** ↗ W — **e-nervare** entkräften — **fo-mentum** (*fovere* ↗ 7): wärmender Umschlag, Linderungsmittel, Labsal

Nobis quoque militandum est, et quidem genere militiae, quo num-
quam quies, numquam otium datur: debellandae sunt imprimis
voluptates, quae, ut vides, saeva quoque ad se ingenia rapuerunt.
Si quis sibi proposuerit, quantum operis aggressus sit, sciet nihil
delicate, nihil molliter esse faciendum. Quid mihi cum istis calen-
tibus stagnis? Quid cum sudatoriis, in quae siccus vapor corpora
7 exhausurus includitur? Omnis sudor per laborem exeat. Si facere-
mus, quod fecit Hannibal, ut interrupto cursu rerum omissoque
bello fovendis corporibus operam daremus, nemo non intempesti-
vam desidiam, victori quoque, nedum vincenti, periculosam, me-
rito reprehenderet: minus nobis quam illis Punica signa sequentibus
licet, plus periculi restat cedentibus, plus operis etiam perseveran-
8 tibus. Fortuna mecum bellum gerit: non sum imperata facturus;
iugum non recipio, immo, quod maiore virtute faciendum est,
excutio. Non est emolliendus animus: si voluptati cessero, ceden-
dum est dolori, cedendum est labori, cedendum est paupertati; idem
sibi in me iuris esse volet et ambitio et ira; inter tot affectus distra-
9 har, immo discerpar. Libertas proposita est; ad hoc praemium
laboratur. Quae sit libertas, quaeris? Nulli rei servire, nulli neces-
sitati, nullis casibus, fortunam in aequum deducere. Quo die illam
intellexero plus posse, nil poterit: ego illam feram, cum in manu
mors sit?

---

6 **militare** Kriegsdienst leisten — **de-bellare** niederkämpfen — **saeva ingenia** ~ *homines* (*in se*) *severos* (bzw. „unerschrocken“: poet.) — **ad se rapere** gewaltsam zu sich ziehen, bezwingen — **sibi proponere** ↗ 20, 4 — **quid mihi** (est) **cum** . . .? Was habe ich zu tun mit . . .? — **calēre** ↗ W — **stagnum** ↗ W; Becken — **sudatorium** (*sudor* Schweiß): Schwitzkammer — **vapor** Dampf — **ex-haurire** erschöpfen; **hausurus** (dicht.): = *hausturus*

7 **ut** daß nämlich — **inter-rumpere** — **fovēre** erwärmen; pflegen (↗ 5 *fomentum*) — **nemo non** jeder — **in-tempestivus** unzeitig, unangemessen — **nedum** (und) noch viel mehr — **victori** ~ *ei, qui iam vicit* — **vincenti** ~ *victuro* — **quam** (*licebat*) **illis** . . . — **opus**, **eris** h. Mühe, Anstrengung (↗ 16, 1) — **etiam** noch — **perseverare** ↗ W

8 **imperatum** (*fortunae*): Befehl, Auftrag — **facturus** bereit, entschlossen . . . (↗ 20, 8) — **ex-cutio** (*iugum*) — **e-mollire** verweichlichen (**e-** „ganz und gar“ ↗ 41, 1) — **idem** (n.) **iuris** — **(in) me**: Akk. — **sibi esse velle** beanspruchen — **affectus**, **-us** Leidenschaft (FW) — **dis-trahere**, **dis-cerpere** (*carpere*)

9 **proponere (libertatem)**: als Ziel setzen — **quaeris?**: ohne *-ne* ↗ 74, 20 — **in aequum deducere** auf die gleiche Ebene herabziehen — **illam** (*fortunam*) — **poterit** (*fortuna*) — **ego feram** . . .?: sog. unwillige Frage („ich sollte . . .?“) — **cum** wo . . . doch — **in manu** (*meā*)

10 His cogitationibus intentum loca seria sanctaque eligere oportet;
effeminat animos amoenitas nimia, nec dubie aliquid ad corrum-
pendum vigorem potest regio. Quamlibet viam iumenta patiuntur,
quorum durata in aspero ungula est: in molli palustrique pascuo
saginata cito subteruntur. Et fortior miles ex confragoso venit:
segnis est urbanus et verna. Nullum laborem recusant manus, quae
ad arma ab aratro transferuntur: in primo deficit pulvere ille unctus
11 et nitidus. Severior loci disciplina firmat ingenium aptumque ma-
gnis conatibus reddit. Literni honestius Scipio quam Bais exulabat:
ruina eius non est tam molliter collocanda. Illi quoque, ad quos
primos fortuna populi Romani publicas opes transtulit, C. Marius
et Cn. Pompeius et Caesar exstruxerunt quidem villas in regione
Baiana, sed illas imposuerunt summis iugis montium: videbatur
hoc magis militare, ex edito speculari late longeque subiecta. Aspice,
quam positionem elegerint, quibus aedificia excitaverint locis et
12 qualia: scies non villas esse, sed castra. Habitaturum tu putas um-
quam fuisse illic M. Catonem, ut praenavigantes adulteras dinu-
meraret et tot genera cumbarum variis coloribus picta et fluvitan-
tem toto lacu rosam, ut audiret canentium nocturna convicia?
Nonne ille manere intra vallum maluisset, quod in unam noctem
manu sua ipse duxisset? Quidni mallet, quisquis vir est, somnum
suum classico quam symphonia rumpi?

---

10 **intentus** h. beschäftigt mit — **ef-feminare** verweichlichen ↗ W — **amoeni-tas** reizende Lage, Reiz — **aliquid** ziemlich viel (↗ 3) — **vigor** (*vigēre*): Spann-, Tatkraft — **qui-libet** jeder beliebige — **durare** härten (↗ 5 *indurare*) — **ungula** (Tier-)Huf — **palustris, -e** sumpfig — **pascuum** (*pascere*): Weide(-Land) — **sagīnare** mästen — **súb-teri** h. sich die Hufe ablaufen — **confragosum** (*frangere*): holpriges Gelände, h. das Land — **segnis, -e** ↗ W — **urb-anus** städtisch, Städter — **verna** (m.): Haussklave — **ara-trum** Pflug — **deficit** h. ~ *fessus fit* — **pulvis** h. Kampf („staubiger Kampfplatz") — **unctus** (*unguere*): gesalbt — **nit-idus**: Adj. zu *nitēre*

11 **disciplina** h. Lebensweise (Zucht) — **conatus, -us** Versuch, Unternehmung — **Liternum**: Stadt in Campanien — **exulare** im Exil leben — **ruina eius** „er nach seinem Sturz" — **iugum** h. Anhöhe — **militare** (Adj.): ~ *milite dignum* — **editum** (subst.): Anhöhe — **speculari** umherspähen; beobachten — **subiectum** (subst.): die Niederung — **positio** Lage — **excitare** h. ~ *exstruere*

12 **putas-(ne)... habitaturum fuisse**: Irrealis in der Abhängigkeit — **praenavigare** ~ *praeter-navigare* — **adultera** Ehebrecherin, Buhlerin — **di-numerare** abzählen — **cumba** (griech.): Kahn — **picta** (*genera*): als Enallage zu **cumbarum** — **fluvitare** (bzw. *fluitare*: vgl. *fluere*): fließen, auf dem Wasser treiben — **rosa** Rose — **canentium nocturna convicia** nächtliche Spottgesänge — **manere** h. übernachten — **quidni** ↗ W — **classicum** (*erg. signum*): Trompetensignal — **symphónia** ↗ 4 — **rumpi** ~ *inter-rumpi*

13 Sed satis diu cum Bais litigavimus, numquam satis cum vitiis, quae, oro te, Lucili, persequere sine modo, sine fine; nam illis quoque nec finis est nec modus. Proice, quaecumque cor tuum laniant; quae si aliter extrahi nequirent, cor ipsum cum illis revellendum erat. Voluptates praecipue exturba et invisissimas habe: latronum more, quos φιλήτας Aegyptii vocant, in hoc nos amplectuntur, ut strangulent. Vale.

3. Das Problem der Zeit und des Todes

3.1 Wesen und Wert der Zeit (ep. 1)

1 Ita fac, mi Lucili: vindica te tibi, et tempus, quod adhuc aut auferebatur aut subripiebatur aut excidebat, collige et serva. Persuade tibi hoc sic esse, ut scribo: quaedam tempora eripiuntur nobis, quaedam subducuntur, quaedam effluunt. Turpissima tamen est iactura, quae per neglegentiam fit. Et si volueris attendere, magna pars vitae elabitur male agentibus, maxima nihil agentibus, tota vita
2 aliud agentibus. Quem mihi dabis, qui aliquod pretium tempori ponat, qui diem aestimet, qui intellegat se cotidie mori? In hoc enim fallimur, quod mortem prospicimus: magna pars eius iam praeterit; quidquid aetatis retro est, mors tenet. Fac ergo, mi Lucili, quod facere te scribis, omnes horas complectere; sic fiet, ut minus ex crastino pendeas, si hodierno manum inieceris. Dum differtur vita,
3 transcurrit. Omnia, Lucili, aliena sunt, tempus tantum nostrum est; in huius rei unius fugacis ac lubricae possessionem natura nos misit,

---

13 **litigare** (aus: *litem agere*): streiten — **perséquere**: Selten steht der Imperativ auch im Rel.-Satz. — **laniare** zerfleischen — **ex-trahere** — **re-vellere** herausreißen; (*revellendum*) *erat* ~ *esset*: oft beim Gerundiv im Irrealis — **ex-turbare** hinausjagen — **habe** behandle sie als — **more** + Gen. ↗ 74, 4 — φιλήτας/*phīlḗtās* (griech.: Akk. Pl.): Betrüger, Diebe — **in hoc . . . ut** ↗ W — **am-plecti** ~ *com-plecti* — **strangulare**: FW

1,1 **sub-ripere** (*io*): heimlich/unvermerkt entwenden ↗ *sub-ducere* — **ex-cidere** entschwinden, ungenützt verstreichen — **neglegentia** Nachlässigkeit — **e-labi** entschlüpfen — **aliud agere** fremde, ungehörige Dinge treiben

2 **dare** h. nennen — **pretium ponere** einen Preis aussetzen, Wert beilegen; **aliquod** (prägnant): auch nur den geringsten — **(mortem) pro-spicere** (weit) vor sich sehen — **praeterīt** = *praeteriit* — **retro** ~ *post nos* — **crás-tinum/hodiernum** der morgige/heutige Tag — **manum inicere** (+ Dat.): Besitz ergreifen von (↗ 3 *possessio*), anpacken

3 **alienus** h. einem anderen gehörig — **fugax** ↗ W — **lubricus** („schlüpfrig"): unsicher — **in possessionem . . . mittere** in den Besitz einsetzen

ex qua expellit, quicumque vult. Et tanta stultitia mortalium est, ut,
quae minima et vilissima sunt, certe reparabilia, imputari sibi, cum
impetravere, patiantur, nemo se iudicet quicquam debere, qui tem-
pus accepit, cum interim hoc unum est, quod ne gratus quidem
4 potest reddere. Interrogabis fortasse, quid ego faciam, qui tibi ista
praecipio. Fatebor ingenue: quod apud luxuriosum, sed diligentem
evenit, ratio mihi constat impensae. Non possum dicere nihil per-
dere, sed, quid perdam et quare et quemadmodum, dicam; causas
paupertatis meae reddam. Sed evenit mihi, quod plerisque non suo
5 vitio ad inopiam redactis: omnes ignoscunt, nemo succurrit. Quid
ergo est? Non puto pauperem, cui, quantulumcumque superest, sat
est; tu tamen malo serves tua, et bono tempore incipies. Nam, ut
visum est maioribus nostris, „sera parsimonia in fundo est"; non
enim tantum minimum in imo, sed pessimum remanet. Vale.

3.2 Das Problem des Todes (ep. 70, 1–9; 11–19; 24)

1 Post longum intervallum Pompeios tuos vidi. In conspectum adu-
lescentiae meae reductus sum; quidquid illic iuvenis feceram, vi-
2 debar mihi facere adhuc posse et paulo ante fecisse. Praenavigavi-
mus, Lucili, vitam et quemadmodum in mari, ut ait Vergilius
noster,

terraeque urbesque recedunt,

sic in hoc cursu rapidissimi temporis primum pueritiam abscon-
dimus, deinde adulescentiam, deinde quidquid est illud inter iuve-
nem et senem medium, in utriusque confinio positum, deinde ipsius
senectutis optimos annos; novissime incipit ostendi publicus finis

---

certe h. jedenfalls — **re-para-bilis** (nkl.): ersetzbar — **im-putare** (als Schuld) anrechnen — (*ut*) **iudicet** ~ *putet* — **cum interim** während/wo doch

4 **ingenue (fateri)**: freimütig, rückhaltlos — **luxuriosus** Genießer — **ratio impensae constat** mein Ausgabenbuch ist in Ordnung („die Berechnung des Aufwands steht fest") — **dicere**: sc. *me* . . . — **dicam, reddam**: (wohl) Potentialis — **plerisque (evenit)**: sehr vielen — **in inopiam redigi** in Not geraten — **ignoscere** h. Verständnis zeigen

5 **quid ergo est?** Wie steht es also (mit der Armut an Zeit)? — **quantulumcumque** wie wenig auch (immer) — **mālo serves** ~ *mālo te servare* — **bono tempore** rechtzeitig — **incipies** ~ Imperativ — **sera est** . . . — **parsi-monia** ↗ W — **fundus** h. Boden des Fasses — **in imo** (~ *fundo*)

70,2 **prae-navigare** (*alqd*): ~ praeter-navigare (↗ 51, 12) — **in mari**: i. e. *cum in altum pro-vehimur* — **rapidus** flüchtig, rasch — **abs-condere** („verbergen"); h. aus dem Gesicht verlieren (poet.) — **con-finium** Grenzgebiet — **novissime** h. zuletzt — **publicus** h. allgemein üblich/gemeinsam für (h. + Gen.)

3 generis humani. Scopulum esse illum putamus dementissimi: Portus est, aliquando petendus, numquam recusandus, in quem, si quis intra primos annos delatus est, non magis queri debet, quam qui cito navigavit. Alium enim, ut scis, venti segnes ludunt ac detinent et tranquillitatis lentissimae taedio lassant, alium pertinax flatus ce-
4 lerrime perfert. Idem evenire nobis puta: Alios vita velocissime adduxit, quo veniendum erat etiam cunctantibus, alios maceravit et coxit. Quae, ut scis, non semper retinenda est; non enim vivere bonum est, sed bene vivere.
5 Itaque sapiens vivet, quantum debet, non quantum potest. Videbit, ubi victurus sit, cum quibus, quomodo, quid acturus. Cogitat semper, qualis vita, non quanta sit. Si multa occurrunt molesta et tranquillitatem turbantia, emittit se; nec hoc tantum in necessitate ultima facit, sed cum primum illi coepit suspecta esse fortuna, diligenter circumspicit, numquid illico desinendum sit. Nihil existimat sua referre, faciat finem an accipiat, tardius fiat an citius: Non tamquam de magno detrimento timet; nemo multum ex stilicidio
6 potest perdere. Citius mori aut tardius ad rem non pertinet, bene mori aut male ad rem pertinet; bene autem mori est effugere male vivendi periculum. Itaque effeminatissimam vocem illius Rhodii existimo, qui, cum in caveam coniectus esset a tyranno et tamquam ferum aliquod animal aleretur, suadenti cuidam, ut abstineret cibo,
7 „omnia“, inquit, „homini, dum vivit, speranda sunt.“ Ut sit hoc

---

3 **scopulus** Klippe, Riff — **illum** (*finem*) — **dementissimi**: präd. — **est**: *ille finis* (Subj.) — **deferri** verschlagen werden (bei der Seefahrt) — **segnis** ↗ W — **ludere alqm** sein Spiel mit jd treiben — **de-tinere** festhalten — **tranquillitas** (*tranquillus*): Ruhe, Stille ↗ W — **lentus** h. langwierig — **lassare** ermüden (trans.) — **per-tinax** beharrlich, andauernd — **flatus, -us** (*flare*): das Wehen, der Wind — **per-ferre** ans Ziel bringen

4 **ad-ducere** ~ *eo ducere* — **macerare** („durchkneten“): mürbe machen, quälen — **coquere** (*coxi*; „kochen“): h. zur Reife bringen, abhärmen — **adduxit, maceravit, coxit, (veniendum) erat**: im Dt. Präs. (↗ 74, 4) — **quae** (*vita*)

5 **tranquillitatem** (↗ 3): erg. *animi* — **e-mittit se**: erg. *e vita* — **illi** (*sapienti*) — **suspectus** verdächtig; **coepit suspecta esse** ~ *suspecta facta est* (↗ zu 51, 3 *coeperunt*) — **circumspicere** (↗ W): (übertr.) im Geiste allseitig betrachten, überlegen — **numquid** ↗ W — **il(l)ico** (*locus*): auf der Stelle — **desinendum sit** (*vivere*) — **suā rēferre**: + Doppelfrage — **fiat** (*finis: vitae*) — **ex** aufgrund — **stil(l)i-cidium** (*cadere*): herabfallender Tropfen (*stilla*); langsames Entschwinden (des Lebens)

6 **ad rem non pertinet** ~ *non rēfert* (5) — **effeminare** ↗ W — **vox** h. Ausspruch — **cavea** (*cavus*): Höhlung, Käfig — **speranda sunt**: ↗ 51, 2 *indicendum*

7 **ut**: konzessiv — **hoc**: i. e. *omnia . . . speranda esse*

verum, non omni pretio vita emenda est. Quaedam licet magna, licet certa sint, tamen ad illa turpi infirmitatis confessione non veniam: Ego cogitem in eo, qui vivit, omnia posse fortunam, potius quam cogitem in eo, qui scit mori, nil posse fortunam?
8 Aliquando tamen, etiam si certa mors instabit et destinatum sibi
supplicium sciet, non commodabit poenae suae manum: Sibi com-
modaret. Stultitia est timore mortis mori: Venit, qui occidat; ex-
specta. Quid occupas? Quare suscipis alienae crudelitatis procura-
9 tionem? Utrum invides carnifici tuo an parcis? Socrates potuit
abstinentia finire vitam et inedia potius quam veneno mori; triginta
tamen dies in carcere et in exspectatione mortis exegit, non hoc
animo, tamquam omnia fieri possent, tamquam multas spes tam
longum tempus reciperet, sed ut praeberet se legibus, ut fruendum
amicis extremum Socraten daret. Quid erat stultius quam mortem
contemnere, venenum timere? . . .
11 Non possis . . . de re in universum pronuntiare, cum mortem vis
externa denuntiat, occupanda sit an exspectanda; multa enim sunt,
quae in utramque partem trahere possunt. Si altera mors cum
tormento, altera simplex et facilis est, quidni huic inicienda sit
manus? Quemadmodum navem eligam navigaturus et domum
12 habitaturus, sic mortem exiturus e vita. Praeterea quemadmodum
non utique melior est longior vita, sic peior est utique mors longior.
In nulla re magis quam in morte morem animo gerere debemus.

---

licet ↗ W — **ad illa** (*magna*) — **confessio** Eingeständnis — **ego cogitem**: unwillige Frage ↗ 51, 9 — **in eo**: Teil des AcI — **potius quam** „und nicht vielmehr" bzw. „statt"

8 **sciet, commodabit**: *sapiens* — **commodare** leihen — **sibi commodaret** (*manum: si ipse mori vellet; sed*) **stultitia est** . . . — **qui** (*te*) **occídat** (final) — **occupare** (*eum*): h. zuvorkommen — **pro-curatio** Besorgung — **cárni-fex, -ficis** („wer Fleischstücke macht"): Henker

9 **abstinentia** (*abstinere*): FW — **in-edia** (*ĕdere*): das Nichtessen, Hungern — **(dies) exigere** verbringen — **animus** h. Einstellung — **recipere** gestatten, zulassen — **extremum** zum letzten Mal — **Socraten** (~ *-em*; verstärktes *se*) **dare fruendum** (präd.): sich zur Verfügung stellen — **erat**: Realis

11 **in universum** (Adv.) **pronuntiare** ein allgemeingültiges Urteil abgeben (+ indir. Doppelfrage) — **de-nuntiare** („ankündigen"): androhen, anbefehlen — **occupanda** (↗ 8)/**exspectanda**: *mors* — **trahere** (*rem*) **in utramque partem** für beide Möglichkeiten sprechen — **quidni** ↗ W — **manum inicere huic** (*morti*): ↗ 1, 2 — **domum/mortem**: *éligam*

12 **útique** jedenfalls, unbedingt — **morem (animo) gerere** sich fügen, folgen — **animus** h. die innere Überzeugung

Exeat, qua impetum cepit: Sive ferrum appetit, sive laqueum sive
aliquam potionem venas occupantem, pergat et vincula servitutis
abrumpat. Vitam et aliis approbare quisque debet, mortem sibi:
13 Optima est, quae placet. Stulte haec cogitantur: „Aliquis dicet me
parum fortiter fecisse, aliquis nimis temere, aliquis fuisse aliquod
genus mortis animosius.“ Vis tu cogitare id in manibus esse con-
silium, ad quod fama non pertinet! Hoc unum intuere, ut te fortunae
quam celerrime eripias; alioquin aderunt, qui de facto tuo male
existiment.
14 Invenies etiam professos sapientiam, qui vim afferendam vitae suae
negent et nefas iudicent ipsum interemptorem sui fieri: Exspectan-
dum esse exitum, quem natura decrevit. Hoc qui dicit, non videt
se libertatis viam cludere: Nihil melius aeterna lex fecit, quam quod
15 unum introitum nobis ad vitam dedit, exitus multos. Ego exspectem
vel morbi crudelitatem vel hominis, cum possim per media exire
tormenta et adversa discutere? Hoc est unum, cur de vita non
possimus queri: Neminem tenet. Bono loco res humanae sunt, quod
nemo nisi vitio suo miser est. Placet? Vive: Non placet? Licet eo
16 reverti, unde venisti. Ut dolorem capitis levares, sanguinem saepe
misisti; ad extenuandum corpus vena percutitur. Non opus est vasto
vulnere dividere praecordia: Scalpello aperitur ad illam magnam
libertatem via et puncto securitas constat. Quid ergo est, quod nos
facit pigros inertesque? Nemo nostrum cogitat quandoque sibi ex
hoc domicilio exeundum; sic veteres inquilinos indulgentia loci et
17 consuetudo etiam inter iniurias detinet. Vis adversus hoc corpus

---

exeat (*quisque*): *e vita* — **qua** wie — **impetum capere** ~ *consilium capere* — **appetere** h. ergreifen — **laqueus** Strick — **potio** Trank — **venas occupare** rasch ins Blut dringen — **pergere** (auf seiner Bahn) entschlossen vorangehen — **ab-rumpere** zerreißen — **approbare alci** rechtfertigen vor jd

13 **aliquis . . . aliquis** ↗ 51, 2 — **fuisse**: Realis im AcI — **vis tu** + Inf.: ~ Imperativ — **in manibus** (*tuis*) **est** du hast zu tun mit — **aliōquin** ↗ W

14 **professos sapientiam** ~ *philosophos* — **ipsum**: präd. — **inter-emptor** (nkl.; *inter-imere*): Mörder — **intró-itus** (*intro-ire*) // **ex-itus**

15 **ego exspectem . . .?** ↗ 7 — **cum** ↗ 51, 9 — **exire** ↗ 12 — **adversa**: subst. — **dis-cutere** (*-io*): zerschlagen, h. beenden — **alqd bono loco est** es steht gut mit

16 **sanguinem** (*venis e-*)**mittere** (medizin. t. t.): (sich) Blut abnehmen (lassen) — **corpus extenuare** (*tenuis*; medizin. t. t.): abmagern — **venam percutere** zur Ader lassen — **dividere** h. aufreißen — **praecordia** ↗W — **scalpellum** kleines medizin. Messer, Skalpell — **punctum** Stich — **securitas** ↗W — **piger** // *im-piger* (↗ W) — **quandoque** einmal, über kurz oder lang — **in-quilīnus** (*colere*): Mieter — **indulgentia** (*indulgēre*): Nachsicht, (nachsichtige) Liebe — **de-tinēre** ↗3

liber esse? Tamquam migraturus habita. Propone tibi quandoque hoc contubernio carendum: Fortior eris ad necessitatem exeundi. Sed quemadmodum suus finis veniet in mentem omnia sine fine
18 concupiscentibus? Nullius rei meditatio tam necessaria est; alia enim fortasse exercentur in supervacuum. Adversus paupertatem praeparatus est animus: Permansere divitiae. Ad contemptum nos doloris armavimus: Numquam a nobis exegit huius virtutis experimentum integri ac sani felicitas corporis. Ut fortiter amissorum desideria pateremur, praecepimus nobis: Omnis, quos amabamus, superstites fortuna servavit. Huius unius rei usum qui exigat, dies
19 veniet. Non est, quod existimes magnis tantum viris hoc robur fuisse, quo servitutis humanae claustra perrumperent; non est, quod iudices hoc fieri nisi a Catone non posse, qui, quam ferro non emiserat, animam manu extraxit: Vilissimae sortis homines ingenti impetu in tutum evaserunt, cumque e commodo mori non licuisset nec ad arbitrium suum instrumenta mortis eligere, obvia quaeque rapuerunt et, quae natura non erant noxia, vi sua tela fecerunt . . .
24 Nihil obstat erumpere et exire cupienti: In aperto nos natura custodit. Cui permittit necessitas sua, circumspiciat exitum mollem; cui ad manum plura sunt, per quae sese asserat, is dilectum agat et, qua potissimum liberetur, consideret: Cui difficilis occasio est, is proximam quamque pro optima arripiat, sit licet inaudita, sit nova. Non deerit ad mortem ingenium, cui non defuerit animus . . .

---

17 **migraturus** ↗ 20, 8 *remissurus* — **sibi proponere** ↗ 20, 4 — **quandoque** ↗ 16 — **contubernium** ↗ W — **suus finis** das eigene/richtige (Lebens-)Ende — **concupiscere** (*cupere*): erstreben

18 **supervacuus** überflüssig, unnötig; **in supervacuum**: adv. (↗ 11 *in universum*) — **contemptus, -us** ↗ 74, 21 — **experi-mentum** ↗ W — **amissorum** ~ *familiarium, quos amisimus* — **praecipere sibi (ut)**: ~ *praeparari*

19 **huius unius rei**: *vitae* — **dies, qui** . . . — **claustra, -orum** (*claudere*): Verschluß, Kerker (vgl. Kloster) — **emiserat** (*e corpore*) — **homines vilissimae sortis** (Rang): i. e. *servi, captivi* — **ingenti impetu** (*animi*): durch unbeugsame Entschlossenheit — **cum** wenn — **e commodo** (~ Adv.: unkl.): bequem — **obvia quaeque rapere** jedes Mittel, das sich bietet, rasch ergreifen — **noxius** schädlich, verderblich — **tela**: Präd.-N.

24 **erumpere et exire** (*e vita*): zu **cupienti** — **circumspicere** ↗ 5 — **exitum**: i. e. *genus mortis* — **ad manum esse** zur Verfügung stehen (↗ 19 *obvia*) — **plura** (unkl.): = *complura* — **as-serere** (*in libertatem*): jurist. t. t. „für frei erklären“ — **dilectum agere** ~ *deligere* — **quā** ↗ 12 — **potissimum** h. am liebsten — **occasio (difficilis)**: Lage — **pro** als — **licet** ↗ W — **in-auditus** „unerhört“, beispiellos — **ingenium** h. Einfall

Begleittext 1:

Lukrez, Atombewegung und Willensfreiheit (De rerum natura 2, 216–260)

Illud in his quoque te rebus cognoscere avemus,
corpora cum deorsum rectum per inane feruntur
ponderibus propriis, incerto tempore ferme
incertisque locis spatio depellere paulum,
tantum quod momen mutatum dicere possis.
Quod nisi declinare solerent, omnia deorsum,
imbris uti guttae, caderent per inane profundum
nec foret offensus natus nec plaga creata
principiis. Ita nil umquam natura creasset.
Quod si forte aliquis credit graviora potesse
corpora, quo citius rectum per inane feruntur,
incidere ex supero levioribus atque ita plagas
gignere, quae possint genitalis reddere motus,
avius a vera longe ratione recedit.
Nam per aquas quaecumque cadunt atque aera rarum,
haec pro ponderibus casus celerare necessest,
propterea quia corpus aquae naturaque tenvis
aeris haud possunt aeque rem quamque morari,
sed citius cedunt gravioribus exsuperata.
At contra nulli de nulla parte neque ullo
tempore inane potest vacuum subsistere rei,
quin, sua quod natura petit, concedere pergat.
Omnia quapropter debent per inane quietum
aeque ponderibus non aequis concita ferri.

---

216 **illud**: Vorbereitung des AcI (218/9) — **avēre** (*avidus*): begierig sein (h. + AcI); **avēmus** ~ verstärktes *volo* — **corpora** (*prima*): die Atome — **de-orsum** (zweisilbig zu lesen; *vertere*): von oben herab — **rēctum** (inn. Obj.) **ferrī** in gerader Richtung (h. senkrecht) fallen — **ināne** (subst.): t. t. der leere Raum — **in-certus** unbestimmt, nicht festgelegt — **ferme** (Sup. zu *fere*): in der Regel, meist — **spatium** die Bahn — **dē-pellere** (intr.): ~ *de-cedere*

220 **tantum quod** (nur) soviel, was . . . (gerade) — **mōmen** (~ *mo-mentum*; *movere*) **mūtātum** Veränderung der Bewegung (Richtung) — **dē-clīnāre** (h. intr.): t. t. abweichen (vom senkrechten Fall) — **deorsum** ↗ 217 — **gutta** Tropfen — **ināne** ↗ 217 — **pro-fundus** (*fundere*): tief, unermeßlich (FW) — **offēnsus, -ūs** das Anstoßen (der Atome untereinander) — **plāga** Schlag — **creāta foret** ~ *facta esset* — **prīncipia, -ōrum** ~ *corpora prima* (217)

225 **potesse** (alat.): ~ *posse* — **quō** um wieviel 〉 „weil“ — **rēctum ferrī** ↗ 217 — **ex superō** von oben herab — **in-cidere** (+ Dat.) **leviōribus** (*corporibus*) — **plāga** ↗ 223 — **genitālis** (Adj. „erzeugend“) **mōtūs reddere** (~ *efficere*: schaffen, hervorrufen): Gemeint sind Bewegungen, die zu Atomverbindungen führen. — **āvius** (präd.): vom Weg abweichend (pleon.) — **ratiō** (vernünftige Einsicht) Lehre — **re-cēdere** ~ *abs-cedere*

(Übersetzung: A. Stückelberger, in: Antike Atomphysik, München 1979, S. 215—219)

Bei diesen Fragen möchte ich, daß du auch dies erkennst, daß die Atome, wenn sie dank ihres Eigengewichtes geradlinig abwärts durch den leeren Raum fallen, zu ganz unbestimmter Zeit und an unbestimmten Orten ganz wenig von ihrem Kurs abweichen, nur soviel, daß man gerade von einer Richtungsänderung sprechen kann. Wenn nämlich die Atome nicht abzuweichen pflegten, würden sie alle wie Regentropfen durch die Tiefe des leeren Raumes abwärts fallen, und es käme zu keinem Zusammenstoßen oder Abprallen der Urteilchen; und so hätte die Natur nie etwas erschaffen können.

Wenn aber etwa jemand meint, die schweren Teilchen könnten, da sie sich schneller gerade durch den leeren Raum fortbewegten, von oben her auf die unteren leichteren Teilchen fallen und so die Stöße erzielen, welche die schöpferischen Bewegungsvorgänge erzeugten, dann irrt er weit ab von der richtigen Erkenntnis. Denn was immer durch das Wasser oder die dünne Luft fällt, das beschleunigt notwendigerweise im Verhältnis zum Gewicht die Fallgeschwindigkeit, und zwar deswegen, weil der Stoff des Wassers und die dünne Beschaffenheit der Luft nicht jeden Körper in gleicher Weise aufzuhalten vermögen, sondern den schwereren rascher unterliegen und nachgeben. Dagegen kann das Vakuum nirgendwo und niemals irgendeinem Körper Widerstand entgegensetzen, ohne, wie es in seinem Wesen liegt, dauernd 〈nach allen Seiten〉 nachzugeben: daher müssen alle Körper auch von verschiedenem Gewicht sich durch das bewegungslose Vakuum gleich schnell bewegen.

---

230 **rārus** (Gegensatz zu „dicht“): h. dünn — **prō** entsprechend — **ponderibus**: *propriis* (218) — **celerāre** (*celer*): beschleunigen — **(proptereā) quia** ~ *quod* — **corpus (aquae)**: (physikalisch:) Substanz, Materie (h. die dichte Materie des Wassers im Gegensatz zur Luft) — **tenvis** (zweisilbig zu lesen): ~ *tenuis* (Gen.) — **aequē** gleichermaßen — **morārī**: trans. — **cēdunt**: *aqua et aer* — **ex-superāta** (n. Pl.): bezogen auf *aqua et aer*

235 **at contrā** (Adv.): scharfer Gegensatz — **nūllī** . . . **reī** (236): ~ *nulli corpori primo* — **nūllā (parte)**: ~ *ulla* — **ināne vacuum** (pleon.): der leere Raum — **sub-sistere** ~ *re-sistere* (↗ 233 *morari*) — **quīn** (. . . *pergat*): „ohne zu“ bzw. als Hauptsatz „sondern“ — **quod nātūra sua** (~ *natura vacui*) **petit**: vorgezogene Beurteilung des **concēdere pergat** (~ verstärktes *concedat*; Gegensatz zu *subsistere*) — **quāpropter** ~ *quamobrem* (rel. Satzanschluß, nachgestellt) — **ināne quiētum** (~ *inane vacuum* 236): weil er keinen Widerstand leistet, d. h. „friedlich“ ist — **aequē** zu **concita** (~ *cita*) — **ponderibus** (*propriis*) **nōn aequīs**: abl. abs.

Haud igitur poterunt levioribus incidere umquam
ex supero graviora neque ictus gignere per se,
qui varient motus, per quos natura gerat res.
Quare etiam atque etiam paulum inclinare necessest
corpora; nec plus quam minimum, ne fingere motus
obliquos videamur et id res vera refutet.
Namque hoc in promptu manifestumque esse videmus,
pondera, quantum in sest, non posse obliqua meare,
ex supero cum praecipitant, quod cernere possis;
sed nihil omnino ⟨recta⟩ regione viai
declinare quis est qui possit cernere sese?
Denique si semper motus conectitur omnis
et vetere exoritur ⟨motu⟩ novus ordine certo
nec declinando faciunt primordia motus
principium quoddam, quod fati foedera rumpat,
ex infinito ne causam causa sequatur,
libera per terras unde haec animantibus exstat,
unde est haec, inquam, fatis avolsa voluntas,
per quam progredimur quo ducit quemque voluptas,
declinamus item motus nec tempore certo
nec regione loci certa, sed ubi ipsa tulit mens?

---

leviōribus incidere . . . ex superō ↗ 227 — **graviōra** (*corpora*) — **variāre** verschieden machen — **rēs** ~ *omnia* — **in-clīnāre** ~ *de-clinare* 221 — **corpora** ↗ 217 — **nec plūs quam minimum** (*inclinant*): d. h. eine minimale Abweichung vom senkrechten Fall — (*animo*) **fingere** sich ausdenken, annehmen

mōtus oblīquus: Gegensatz zu *rectum ferri* (217) — **rēs vēra** die Wirklichkeit, Erfahrung — **re-fūtāre** widerlegen — **namque** ~ *nam* — **in prōmptū esse** (*promere, promptus*): „in greifbarer Sichtbarkeit sein", auf der Hand liegen — **pondera** Masseteilchen; ~ *corpora*, soweit sie Masse haben — **quantum in sē** (~ *in eis*) **(e)st** soweit es an ihnen liegt — **oblīqua** (präd.) **meāre** („gehen"): ~ *motūs obliquos* (↗ 244/5) *movere* — **ex superō** ↗ 227 — **quod** + Konj.: ~ *quoad* (soweit) — **regiō** h. Richtung — **viāī** ~ *viae*

dēclīnāre (↗ 221; h. trans.): erg. *pondera* (Subj.): 247 — **vetere** ~ *priōre* — **novus**: *motus* (jeweils senkrecht) — **prīmōrdia** ~ *principia* 224 — **mōtūs**: Gen., zu *principium* — **foedera** (**fātī**): Gesetze (~ *necessitas)*

ex īnfīnītō (*tempore*) — **lībera**: zu **voluntās** 257, ebenso **haec** — **animantibus** ~ *animalibus* — **exstāre** bestehen, „herrühren" (durch **est** 257 aufgenommen) — **inquam** „ich wiederhole es" — **ā-volsa** ~ *a-vulsa* (*vellere*) + Abl. — **prō-gredī** vorwärtsschreiten — **voluptās** h. Lust, Neigung — **item** ~ *et per quam* — **dēclīnāmus** h. nicht t.t., sondern ~ *mutamus* — **certus** ↗ *in-certus* 218

regiō locī (pleon.): Raum, Ort — **ubī** (sooft) . . . **tulit**: im Dt. Präs. („es mit sich bringt") — **ipse** eigen, selbständig — **mēns** ~ *voluntas*

Folglich können also die schweren Körper ⟨im Vakuum⟩ niemals von oben her auf die leichteren fallen und von sich aus die Stöße hervorrufen, welche die verschiedenartigen Bewegungsvorgänge erzeugen, mittels welcher die Natur alles ausführt. Daher, so betone ich wiederholt, ist es notwendig, daß die Atome ganz wenig ⟨vom senkrechten Fall⟩ abweichen, freilich nicht mehr als ein klein wenig, damit es nicht den Anschein macht, ich erfände eine Querbewegung, und mich darin die Wirklichkeit widerlegt. Denn das liegt auf der Hand und ist offensichtlich, wie wir sehen, daß Schwerkörper, soweit es an ihnen liegt, nicht ⟨plötzlich⟩ in die Quere gehen können, wenn sie von oben nach unten fallen, was du ja feststellen kannst. Daß sie aber überhaupt nicht ein wenig von der senkrechten Fallrichtung abweichen, wer könnte dies mit seinen Sinnen feststellen?
Schließlich, wenn immer eine Bewegung ⟨mit einer anderen⟩ verknüpft ist und aus einer vorhergehenden Bewegung nach unabdingbarer Gesetzmäßigkeit eine neue entsteht und die Urteilchen nicht durch die Abweichung eine Art Start zu den ⟨schöpferischen⟩ Bewegungsvorgängen geben, der die Gesetzmäßigkeit des Schicksals bricht, in der Weise, daß nicht seit unendlich langer Zeit Ursache auf Ursache folgt, woher kommt dann den Lebewesen auf der ganzen Erde, woher, so frage ich, kommt denn der freie, vom Schicksal unabhängige Wille, dank welchem wir uns bewegen, wohin einen jeden die Lust führt, und wir ebenso unsere Bewegungen ändern, und zwar nicht zu einem bestimmten Zeitpunkt oder an einem bestimmten Ort, sondern wo es unserem Sinn gerade einfällt.

Begleittext 2:

Epikur, Brief an Menoikeus (ep. ad Men. 123—125; 131—133)

123 Erstens halte Gott für ein unvergängliches und glückseliges Lebewesen, so wie die allgemeine Vorstellung von Gott im Menschen angelegt ist, und hänge ihm nichts an, was seiner Unvergänglichkeit fremd oder seiner Glückseligkeit unangemessen wäre. Glaube vielmehr von ihm alles, was seine Glückseligkeit und Unvergänglichkeit zu sichern vermag. Götter nämlich existieren; denn die Gotteserkenntnis hat sichere Gewißheit. Sie sind aber nicht so, wie es die Leute meinen. Denn die Leute halten gar nicht die Gedanken über die Götter fest, die sie haben. Gottlos ist nicht der, der die Götter der Menge beseitigt, sondern der, der den Göttern die Ansichten der
124 Menge anhängt. Denn die Aussagen der Menge über die Götter sind nicht Vorahnungen, sondern falsche Vermutungen. Darum entstehen von den Göttern her die größten Schädigungen für die Schlechten und auch Förderungen ⟨für die Guten⟩. Denn da die Götter durch und durch mit ihren eigenen Tugenden vertraut sind, akzeptieren sie nur Wesen, die ihnen ähnlich sind; doch alles, was nicht derart ist, schließen sie aus als fremd.

Gewöhne dich an den Gedanken, daß der Tod uns nichts angeht. Denn alles
Gute und Schlimme beruht auf der Wahrnehmung. Der Tod aber ist der
Verlust der Wahnehmung. Darum macht die rechte Einsicht, daß der Tod
uns nichts angeht, die Sterblichkeit des Lebens genußreich, indem sie uns
nicht eine unbegrenzte Zeit dazugibt, sondern die Sehnsucht nach der Un-
125 sterblichkeit wegnimmt. Denn im Leben gibt es für den nichts Schreckliches,
der in echter Weise begriffen hat, daß es im Nichtleben nichts Schreckliches
gibt. Darum ist jener einfältig, der sagt, er fürchte den Tod, nicht weil er
schmerzen wird, wenn er da ist, sondern weil er jetzt schmerzt, wenn man
ihn erwartet. Denn was uns nicht belästigt, wenn es wirklich da ist, kann nur
einen nichtigen Schmerz bereiten, wenn man es bloß erwartet.

Das schauerlichste Übel also, der Tod, geht uns nichts an; denn solange wir existieren, ist der Tod nicht da, und wenn der Tod da ist, existieren wir nicht mehr. Er geht also weder die Lebenden an noch die Toten; denn die einen geht er nicht an, und die anderen existieren nicht mehr. Die Menge freilich flieht bald den Tod als das ärgste der Übel, bald sucht sie ihn als Erholung von den Übeln im Leben.

131 Wenn wir also sagen, daß die Lust das Lebensziel sei, so meinen wir nicht
die Lüste der Wüstlinge und des bloßen Genießens, wie einige aus Unkennt-
nis und weil sie mit uns nicht übereinstimmen oder weil sie uns mißverste-
hen, meinen, sondern wir verstehen darunter, weder Schmerz im Körper
132 noch Beunruhigung in der Seele zu empfinden. Denn nicht Trinkgelage und
ununterbrochenes Schwärmen und nicht Genuß von Knaben und Frauen
und von Fischen und allem anderen, was ein reichbesetzter Tisch bietet,
erzeugt das lustvolle Leben, sondern die nüchterne Überlegung, die die
Ursache für alles Wählen und Meiden erforscht und die leeren Meinungen
austreibt, aus denen die größte Verwirrung der Seele entsteht.

Für all dies ist der Anfang und das größte Gut die Einsicht. Darum ist auch
die Einsicht noch kostbarer als die Philosophie. Aus ihr entspringen alle
übrigen Tugenden, und sie lehrt, daß es nicht möglich ist, lustvoll zu leben
ohne verständig, edel und gerecht zu leben, noch auch verständig, schön und
gut, ohne lustvoll zu leben. Denn die Tugenden sind von Natur verbunden
mit dem lustvollen Leben, und das lustvolle Leben ist von ihnen untrennbar.
133 Denn schließlich, wen könntest du höher stellen als jenen, der über die
Götter fromme Gedanken hat und der hinsichtlich des Todes vollkommen
ohne Furcht ist, der das Endziel der Natur begriffen hat und der verstanden
hat, daß die oberste Grenze des Guten leicht zu erfüllen und leicht zu
beschaffen ist, daß aber die oberste Grenze des Übels entweder der Zeit oder
dem Schmerz nach nur schmal ist?

(Übersetzung: Olof Gigon, in: Epikur, Von der Überwindung der Furcht, Zürich [3]1983, S. 100 f., 104 f. — leicht verändert)

Begleittext 3:

Cicero, Sozialethische Bedeutung der virtus (De finibus 5, 65–67)

65 In omni autem honesto, de quo loquimur, nihil est tam illustre nec quod latius pateat quam coniunctio inter homines hominum et quasi quaedam societas et communicatio utilitatum et ipsa caritas generis humani. Quae nata a primo satu, quod a procreatoribus nati diliguntur et tota domus coniugio et stirpe coniungitur, serpit sensim foras, cognationibus primum, tum affinitatibus, deinde amicitiis, post vicinitatibus, tum civibus et iis, qui publice socii atque amici sunt, deinde totius complexu gentis humanae. Quae animi affectio suum cuique tribuens atque hanc, quam dico, societatem coniunctionis humanae munifice et aeque tuens iustitia dicitur, cui sunt adiunctae pietas, bonitas, liberalitas, benignitas, comitas quaeque sunt generis eiusdem. Atque haec ita iustitiae propria sunt, ut sint virtutum
66 reliquarum communia. Nam cum sic hominis natura generata sit, ut habeat quiddam ingenitum quasi civile atque populare, quod Graeci πολιτικόν vocant, quicquid aget quaeque virtus, id a communitate et ea, quam exposui, caritate ac societate humana non abhorrebit, vicissimque iustitia, ut ipsa se fundet in ceteras virtutes, sic illas expetet. Servari enim iustitia nisi a forti viro, nisi a sapiente non potest. Qualis est igitur omnis haec, quam dico,

---

5,65 **in omni honesto** im Gesamtbereich des sittlich Guten (↗ E 3. 2) — **illustris** h. hervorragend, bedeutend — **societas et communicatio** (Hendiadyoin) **utilitatum** gemeinsame Vertretung von Interessen — **generis**: gen. obi. — **satus, -us** (*serere*): h. Zeugung — **a primo** (*satu*): schon/gleich bei, unmittelbar seit — **procreatores** Eltern — **nati** ~ *liberi* — **coniugium** (*coniungere*, vgl. *coniux*): Ehe — **stirps** h. Nachkommenschaft — **coniungere** h. eng zusammenschließen — **serpere** (*serpens*): kriechen, sich verbreiten — **sensim** (*sentire*): kaum merklich, nach und nach — **cognatio** (*nasci*): (Bluts-)Verwandtschaft — **affinitas** (*affinis* benachbart): Verwandtschaft i. w. Sinn (durch Heirat oder Verschwägerung) — **civibus** h. ~ *coniunctione civium* — **deinde** ~ *denique* — **complexus, -us** (*complecti*): Umarmung, Wohlwollen, Liebe — **gens** ~ *genus* — **animi affectio** Gefühl der Zuneigung, Gemeinschaftsgefühl — **coniunctio** h. Gemeinschaft — **munificus** h. großzügig — **tueri** schützen, wahren — **pietas** Ehrfurcht, Pflichtgefühl — **comitas** (*comis*): Freundlichkeit, Höflichkeit — **ita . . . ut . . .** in der Weise, daß; mit der Maßgabe, daß — **commune** h. gemeinsamer Bestandteil/ Element

66 **generatus** geartet, beschaffen — **ingenitum** (*gignere*) **civile** angeborener Sinn für den Mitmenschen/Mitbürger — **popularis** h. für das Volk/die politische Gemeinschaft — πολιτικόν (*politikón*): gesellschaftlich, einer Bürgergemeinde zugehörig (↗ E 2. 3: der Mensch als gemeinschaftsbezogenes Wesen — *zōon politikón* — bei Aristoteles) — **abhorrere ab** im Gegensatz stehen zu — **vicissim** (*vicis*): wechselweise, gegenseitig — **se fundere** (*in*): sich ausbreiten/mitteilen — **ex-petere** h. angewiesen sein auf, brauchen

conspiratio consensusque virtutum, tale est illud ipsum honestum, quandoquidem honestum aut ipsa virtus est aut res gesta virtute; quibus rebus vita consentiens virtutibusque respondens recta et honesta et constans et
67 naturae congruens existimari potest. Atque haec coniunctio confusioque virtutum tamen a philosophis ratione quadam distinguitur. Nam cum ita copulatae conexaeque sint, ut omnes omnium participes sint nec alia ab alia possit separari, tamen proprium suum cuiusque munus est, ut fortitudo in laboribus periculisque cernatur, temperantia in praetermittendis voluptatibus, prudentia in dilectu bonorum et malorum, iustitia in suo cuique tribuendo. Quando igitur inest in omni virtute cura quaedam quasi foras spectans aliosque appetens atque complectens, exsistit illud, ut amici, ut fratres, ut propinqui, ut affines, ut cives, ut omnes denique — quoniam unam societatem hominum esse volumus — propter se expetendi sint.

Begleittext 4:

Cicero, Leistung und Ursprung der Philosophie (Tusculanae disp. 5, 5–11)

Im fünften Buch der „Tusculanae disputationes" wird die stoische These erörtert, die *virtus* sei zu einem glücklichen Leben sich selbst genug. Cicero bekennt, unter dem Eindruck von Schmerz und Leid habe er wiederholt Zweifel an der Berechtigung dieser These gehegt. Die Menschen seien ja grundsätzlich geneigt, Schwierigkeiten durch Angst zu steigern und ihre Ursachen eher in äußeren Umständen als in eigenen Fehlern zu suchen.

5 Sed et huius culpae et ceterorum vitiorum peccatorumque nostrorum omnis a philosophia petenda correctio est. Cuius in sinum cum a primis temporibus aetatis nostra voluntas studiumque nos compulisset, his gravissimis casibus in eundem portum, ex quo eramus egressi, magna iactati tempestate confugimus.

O vitae philosophia dux, o virtutis indagatrix expultrixque vitiorum! Quid non modo nos, sed omnino vita hominum sine te esse potuisset? Tu urbis

---

conspiratio consensusque (Synonymie): das einhellige/harmonische Zusammenwirken — **quandóquidem** da ja — **virtus/res**: Prädikatsnomen — **quibus rebus** h. mit solchen Grundsätzen — **rectus** aufrecht — **constans** h. konsequent, grundsatztreu — **naturae congruens** ↗ zu Sen. ep. 41, 9

67 **coniunctio confusioque** (Synonymie): enge Verbindung — **ratione quadam** theoretisch — **distinguere** h. differenzieren — **copulatus** (*copula*) **conexusque** (Synonymie): eng verbunden — **munus** Aufgabe(nfeld) — **ut**: explikativ — **fortitudo, temperantia, prudentia, iustitia**: die vier „Kardinaltugenden" (↗ E 2. 2; 3. 2 und 5. 1) — **quando** da ja — **foras** nach außen, auf andere Personen — **alii** h. Mitmenschen — **appetere** h. angehen, berühren — **exsistit illud** es ergibt sich — **velle** ↗ W — **expetere** h. achten

5,5 **correctio** (*corrigere*) — **aetas** h. Leben(szeit) — **com-pellere** (hin)treiben — **his casibus**: Ausscheiden aus der Politik, Tod der Tochter Tullia (↗ E 5. 1) — **indaga-trix** (*indagare* aufspüren, entdecken) — **expultrix** (*expellere*)

peperisti, tu dissipatos homines in societatem vitae convocasti, tu eos inter
se primo domiciliis, deinde coniugiis, tum litterarum et vocum communi-
one iunxisti, tu inventrix legum, tu magistra morum et disciplinae fuisti; ad
te confugimus, a te opem petimus, tibi nos, ut antea magna ex parte, sic nunc
penitus totosque tradimus. Est autem unus dies bene et ex praeceptis tuis
6 actus peccanti immortalitati anteponendus. Cuius igitur potius opibus uta-
mur quam tuis, quae et vitae tranquillitatem largita nobis es et terrorem
mortis sustulisti?
Ac philosophia quidem tantum abest, ut proinde ac de hominum est vita
merita laudetur, ut a plerisque neglecta a multis etiam vituperetur. Vitupe-
rare quisquam vitae parentem et hoc parricidio se inquinare audet et tam
impie ingratus esse, ut eam accuset, quam vereri deberet, etiamsi minus
percipere potuisset? Sed, ut opinor, hic error et haec indoctorum animis
offusa caligo est, quod tam longe retro respicere non possunt nec eos, a
quibus vita hominum instructa primis sit, fuisse philosophos arbitrantur.
7 Quam rem antiquissimam cum videamus, nomen tamen esse confitemur
recens. Nam sapientiam quidem ipsam quis negare potest non modo re esse
antiquam, verum etiam nomine? Quae divinarum humanarumque rerum,
tum initiorum causarumque cuiusque rei cognitione hoc pulcherrimum
nomen apud antiquos adsequebatur. Itaque et illos septem, qui a Graecis
σοφοί, sapientes a nostris et habebantur et nominabantur, et multis ante
saeculis Lycurgum, cuius temporibus Homerus etiam fuisse ante hanc ur-
bem conditam traditur, et iam heroicis aetatibus Ulixem et Nestorem acce-
pimus et fuisse et habitos esse sapientis.
8 ... Omnes, qui in rerum contemplatione studia ponebant, sapientes et
habebantur et nominabantur, idque eorum nomen usque ad Pythagorae
manavit aetatem, quem, ut scribit auditor Platonis Ponticus Heraclides, vir

---

coniugium (*coniungere, coniux*): Ehe — **litterarum et vocum communio** schriftliche und mündliche Verständigung/Mitteilung — **disciplina** h. (politische) Ordnung — **penitus** (Adv.): gänzlich, völlig — **peccans** h. in Verkehrtheit verbracht

6 **proinde ac** ebenso wie — **parricidium** Vater-/Muttermord — **inquinare** beflecken — **impie** h. pietätlos — **minus percipere** (sc. *eam: philosophiam*): nicht recht erfassen — **potuisset**: im Dt. nicht vorzeitig — **offundere** *alci rei* gießen/verbreiten über etw. — **calīgo** Dunkel, Finsternis

7 **quam rem** ~ *philosophiam* — **divinarum** ... **causarumque** ... **cognitione** aufgrund der Erkenntnis von ... — σοφοί (*sophoí*): ~ *sapientes* — **saecula** h. Generationen — **Lycurgus:** sagenhafter Begründer der Verfassung Spartas (etwa 9. bzw. 8. Jh. v. — das Jh. Homers) — **heroicus** (gr. *hḗrōs* Held): heroisch; *heroica aetas* „das Heroenzeitalter“ (des Trojanischen Krieges, etwa 12. Jh. v.) — **Nestor, -ŏris**: Nestor aus Pylos, ein wegen Alter und Weisheit berühmter Teilnehmer am Trojanischen Krieg

8 **rerum contemplatio** Betrachtung der Dinge/der Natur/der Welt — **Pythagoras** ↗ E 1 — **Ponticus Heraclīdes**: Schriftsteller aus Herakleia am Pontos

doctus in primis, Phliuntem ferunt venisse eumque cum Leonte, principe Phliasiorum, docte et copiose disseruisse quaedam; cuius ingenium et eloquentiam cum admiratus esset Leon, quaesivisse ex eo, qua maxime arte confideret; at illum artem quidem se scire nullam, sed esse philosophum. Admiratum Leontem novitatem nominis quaesivisse, quinam essent philosophi, et quid inter eos et reliquos interesset.

9 Pythagoram autem respondisse similem sibi videri vitam hominum et mercatum eum, qui haberetur maxumo ludorum apparatu totius Graeciae celebritate; nam ut illic alii corporibus exercitatis gloriam et nobilitatem coronae peterent, alii emendi aut vendendi quaestu et lucro ducerentur, esset autem quoddam genus eorum idque vel maxime ingenuum, qui nec plausum nec lucrum quaererent, sed visendi causa venirent studioseque perspicerent, quid ageretur et quo modo, item nos quasi in mercatus quandam celebritatem ex urbe aliqua sic in hanc vitam ex alia vita et natura profectos alios gloriae servire, alios pecuniae; raros esse quosdam, qui ceteris omnibus pro nihilo habitis rerum naturam studiose intuerentur; hos se appellare sapientiae studiosos (id est enim philosophos); et ut illic liberalissimum esset spectare nihil sibi adquirentem, sic in vita longe omnibus studiis contemplationem rerum cognitionemque praestare.

10 Nec vero Pythagoras nominis solum inventor, sed rerum etiam ipsarum amplificator fuit. Qui cum post hunc Phliasium sermonem in Italiam venisset, exornavit eam Graeciam, quae Magna dicta est, et privatim et publice praestantissimis et institutis et artibus. Cuius de disciplina aliud tempus fuerit fortasse dicendi. Sed ab antiqua philosophia usque ad Socratem, qui Archelaum, Anaxagorae discipulum, audierat, numeri motusque tractabantur, et unde omnia orerentur quove reciderent, studioseque ab iis siderum magnitudines, intervalla, cursus anquirebantur et cuncta caelestia. Socrates autem primus philosophiam devocavit e caelo et in urbibus conlocavit et in domus etiam introduxit et coëgit de vita et moribus rebusque bonis et malis quaerere.

Phliūs, -untis: Phliū́s, Stadt bei Korinth; ihr Tyrann war **Leon, -ntis** (6. Jh. v.), ihre Einwohner die **Phliasii** — **ars** h. Fähigkeit, Beruf

9 **mercatus, -us** (*mercari, merx*): Markt; Fest (h. die Olympischen Spiele) — **apparatus, -us** Zurüstung, Pracht — **celebritas** (*celeber*): (zahlreicher) Besuch — **ut illic . . . item nos . . .**: Vergleich — **exercitatus** geübt, trainiert — **ducere** h. leiten, anlocken — **idque** ↗ W — **plausus, -us** (*plaudere*) — **ex alia vita et natura** (h. Wesen, Existenz): ↗ E 1 Seelenwanderung bei Pythagoras — **quasi . . . sic . . .** wie . . . so . . . (Vergleich innerhalb des *item*-Satzes) — **rerum natura** Wesen der Dinge, Welt

10 **amplificator** Förderer — **Phliasius** ↗ 8 — **instituta et artes** (politische) Einrichtungen und (philosophische) Lehren — **fuerit**: Pot. der Ggw. — **Archelāus** Archélāos (von Milet) — **Anaxagoras** ↗ E 1 — **numeri motūsque** (Lehre von) Zahl und Bewegung, Mathematik und Physik — **re-cidere** zurückfallen, vergehen ↗ E 1 — **intervallum** Zwischenraum, Abstand — **anquirere** (*amb-quaerere*): erforschen — **caelestia** Himmelserscheinungen

11 Cuius multiplex ratio disputandi rerumque varietas et ingeni magnitudo Platonis memoria et litteris consecrata plura genera effecit dissentientium philosophorum. E quibus nos id potissimum consecuti sumus, quo Socratem usum arbitrabamur, ut nostram ipsi sententiam tegeremus, errore alios levaremus et in omni disputatione, quid esset simillimum veri, quaereremus. Quem morem cum Carneades acutissime copiosissimeque tenuisset, fecimus et alias saepe et nuper in Tusculano, ut ad eam consuetudinem disputaremus.

Begleittext 5:

Die sog. Areopagrede des Apostels Paulus (Apostelgeschichte 17, 22–32)

22 Stans autem Paulus in medio Areopagi, ait: Viri Athenienses, per omnia
23 quasi superstitiosiores vos video. Praeteriens enim, et videns simulachra
vestra, inveni et aram, in qua scriptum erat: IGNOTO DEO. Quod ergo
24 ignorantes colitis, hoc ego annuncio vobis. Deus, qui fecit mundum et
omnia, quae in eo sunt, hic caeli et terrae cum sit Dominus, non in manu-
25 factis templis habitat, nec manibus humanis colitur indigens aliquo, cum
26 ipse det omnibus vitam et inspirationem et omnia: fecitque ex uno omne
genus hominum inhabitare super universam faciem terrae, definiens statuta
27 tempora et terminos habitationis eorum, quaerere Deum, si forte attrectent
28 eum aut inveniant, quamvis non longe sit ab unoquoque nostrum. In ipso
enim vivimus et movemur et sumus: sicut et quidam vestrorum poetarum
dixerunt:

Ipsius enim et genus sumus.

---

11 **multiplex ratio** Vielseitigkeit — **rerum varietas** Vielfalt der Themen — **memoria et litterae** (Hendiadyoin): aufgezeichnete Erinnerungen, schriftliches Zeugnis — **con-secrare** weihen; unsterblich machen — **plura** h. ~ *complura* — **genus** h. Schule — **efficere** h. hervorbringen — **ut**: explikativ — **tegere** h. unterdrücken, zurückhalten (↗ E 3. 3 *epochē*) — **levare** h. befreien — **simile veri** h. wahrscheinlich, plausibel (↗ E 3. 3)

17,22 **stare** h. auftreten — **Areópagus**: Damals oberste Behörde Athens, benannt nach dem „Areshügel" — **per omnia** ~ *omnibus in rebus* — **superstitiosus** abergläubisch — **simulachra** ~ *simulacra* — **annuncio** ~ *ad-nuntio* — **manu-factus** ~ *manu* (*hominum*) *factus*

25 **ind-igēre** ~ *egēre* — **in-spiratio** (*spirare*): Atem — **ex uno** (*homine*): i. e. *Adam* — **in-habitare** (~ *habitare*): finaler Inf. wie **quaerere** — **super . . . faciem** auf der Oberfläche . . . — **habitatio** das Wohnen — **attrectare** (*tractare*): berühren, (er)tasten

28 **quidam**: Die Worte finden sich bei Arat (gr. Dichter, † ca. 240; Zitat aus seinem Lehrgedicht „Himmelserscheinungen") und bei Kleanthes — **ipsius** ~ *eius ipsius* (*Dei*) — **et** (*nos*) **sumus**

29 Genus ergo cum simus Dei, non debemus aestimare auro aut argento aut
lapidi, sculpturae artis et cogitationis hominis Divinum esse simile. Et
30 tempora quidem huius ignorantiae despiciens Deus, nunc annunciat ho-
31 minibus, ut omnes ubique poenitentiam agant, eo quod statuit diem, in quo
iudicaturus est orbem in aequitate, in viro, in quo statuit, fidem praebens
32 omnibus, suscitans eum a mortuis. Cum audissent autem resurrectionem
mortuorum, quidam quidem irridebant, quidam vero dixerunt: Audiemus
te de hoc iterum.

Begleittext 6:

Augustinus, Die Lektüre von Ciceros ‚Hortensius'
(Confessiones 3, 7 f., ed. J. Bernhart, München ^{2}1960, S. 104–108)

7 Inter hos ego inbecilla tunc aetate discebam libros eloquentiae, in qua eminere cupiebam fine damnabili et ventoso per gaudia vanitatis humanae, et usitato iam discendi ordine perveneram in librum cuiusdam Ciceronis, cuius linguam fere omnes mirantur, pectus non ita. Sed liber ille ipsius exhortationem continet ad philosophiam et vocatur „Hortensius".

Ille vero liber mutavit affectum meum et ad te ipsum, domine, mutavit preces meas et vota ac desideria mea fecit alia. Viluit mihi repente omnis vana spes et immortalitatem sapientiae concupiscebam aestu cordis incredibili et surgere coeperam, ut ad te redirem. Non enim ad acuendam linguam, quod videbar emere maternis mercedibus, cum agerem annum aetatis

---

29 **ergo** (nachgestellt): ~ *igitur* — **aestimare** (+ AcI): ~ *putare* — **auro** . . .: Dat. zu *simile* — **sculpturae** (Dat.; zeugmatisch zu *cogitationis*): Gebilde — **tempora huius ignorantiae** ~ *tempora, quibus nos eum ignorabamus* — **despicere** h. vergessen — **annunciare** (↗ 23) **ut** (Wunsch)

31 **poenitentiam** (~ *paenitentiam*; *paenitet*) **agere** Buße tun — **eo quod** ~ *quia* — **in quo** ~ *quo* — **iudicaturus est** ~ *iudicabit* — **orbem** (*terrarum*) — **in aequitate** in Gerechtigkeit — **in viro, in quo** ~ *per virum, quem* — **fidem praestare alci** (ihn) beglaubigen vor jd — **sus-citare** auf(er)wecken — **re-surrec-tio** Auferstehung — **ir-ridere** ~ *ridere* — **iterum** ~ *alias*

3,7 **hi**: Augustinus' Studienfreunde, die er *eversores* („Verderber") nennt — **imbecillus** h. ungefestigt — **fine** . . . (modal): in einer . . . Absicht — **ventosus** (*ventus*): windig; nichtig — **per** wegen, aufgrund — **usitatus** (*uti*): üblich — **pectus** (übertr.): Gesinnung — **ex-horta-tio** Aufforderung, Einladung — **affectus, -us** Gefühl, Verfassung — **mutare ad** (umstimmen) lenken zu — **viléscere** (Pf. *vilui; vilis*): wertlos werden, schwinden — **immortalitatem sapientiae** ~ verstärktes *immortalem sapientiam* — **con-cupiscere** (*cupere*): erstreben — **aestus, -us** (übertr.): Glut, Leidenschaft — **surgere coeperam** ~ *surrexeram* (↗ Sen. 51, 3) — **acuere** (*acutus*): schärfen, zuspitzen . . . — **quod** („was"): i. e. *linguam acuere* — **maternis** ~ *matris* — **mercedes** (Pl.): Geld(er)

undevicensimum iam defuncto patre ante biennium, non ergo ad acuendam linguam referebam illum librum neque mihi locutionem, sed quod loquebatur persuaserat.

8 Quomodo ardebam, deus meus, quomodo ardebam revolare a terrenis ad te, et nesciebam quid ageres mecum! „Apud te est“ enim „sapientia“ (Job 12, 13. 16). Amor autem sapientiae nomen graecum habet philosophiam, quo me accendebant illae litterae. Sunt qui seducant per philosophiam magno et blando et honesto nomine colorantes et fucantes errores suos, et prope omnes, qui ex illis et supra temporibus tales erant, notantur in eo libro et demonstrantur, et manifestatur ibi salutifera illa admonitio spiritus tui per servum tuum bonum et pium: „Videte, ne quis vos decipiat per philosophiam et inanem seductionem secundum traditionem hominum, secundum elementa huius mundi et non secundum Christum, quia in ipso inhabitat omnis plenitudo divinitatis corporaliter.“ (Kol 2, 8 f.)

Et ego illo tempore, scis tu, lumen cordis mei, quoniam necdum mihi haec apostolica nota erant, hoc tamen solo delectabar in illa exhortatione, quod non illam aut illam sectam, sed ipsam quaecumque esset sapientiam ut diligerem et quaererem et adsequerer et tenerem atque amplexarer fortiter, excitabar sermone illo et accendebar et ardebam, et hoc solum me in tanta flagrantia refrangebat, quod nomen Christi non erat ibi, quoniam hoc nomen „secundum misericordiam tuam, domine“ (Ps 24, 7), hoc nomen salvatoris mei, fili tui, in ipso adhuc lacte matris tenerum cor meum pie biberat et alte retinebat, et quidquid sine hoc nomine fuisset quamvis litteratum et expolitum et veridicum, non me totum rapiebat.

---

vice(n)simus — **de-fungi** sterben — **re-ferre** wieder (vor-)nehmen/lesen — **locutio** (*loqui*): Sprache, Ausdrucksweise („Stil“) — **quod loquebatur** „der Inhalt“ — **persuadere alci alqd** jd von etwas überzeugen

8 **ardēre** (unkl. + Inf.): heiß danach verlangen — **terrenus** (*terra*): irdisch — **quo** „wozu“ — **illae litterae**: i. e. *ille liber* — **se-ducere** weg-, verführen — **blandus** verführerisch — **colorare** (*color*) — **fucare** schminken, herausputzen — **ex illis** (i. e. *Ciceronis*) **temporibus** — **supra** (Adv.; h. attributiv): ~ *superioribus* — **manifestare** offenbaren — **ibi** ~ *in eo libro* — **saluti-fer** heilbringend — **servum tuum**: i. e. *Paulum apostolum* — **se-ductio** ↗ *seducere* — **traditio**: FW — **elementa** die elementaren (dämonischen) Mächte — **in-habitare** ~ *habitare* — **pleni-tudo** Fülle — **corporaliter** in leiblicher Gestalt — **necdum** ~ *nondum* — **apostolica** (n. Pl.): die apostolischen Schriften (besonders des Paulus) — **secta** (*sequi*): Philosophischenschule — *quod excitabar, non ut diligerem ... illam sectam, sed ... sapientiam* — **amplexari**: intens. zu *amplecti* (~ *com-plecti*) — **flagrantia** (*flagrare*): Glut, Leidenschaft — **re-frangere** (statt *re-fringere*): hemmen, dämpfen — **salvator** Retter („Heiland“) — **in** (nkl.): mit — **alte** „tief im Inneren“ — **quidquid ... fuisset** (~ *fuerat*): nkl. — **litteratus** gelehrt, gebildet — **ex-polītus** ausgebildet, verfeinert — **verí-dicus** (*verum; dicere*): wahrhaft, redlich — **rapere** fesseln

Begleittext 7:

Anselm von Canterbury, Der ontologische Gottesbeweis
(Proslogion 2, ed. A. Koyré, Paris 1954, S. 12)

Quod vere sit Deus.

Ergo, Domine, qui das fidei intellectum, da mihi, ut, quantum scis expedire, intelligam, quia es, sicut credimus, et hoc es, quod credimus. Et quidem credimus te esse aliquid, quo nihil maius cogitari possit. An ergo non est aliqua talis natura, quia dixit insipiens in corde suo: „Non est Deus" (Ps 13, 1)? Sed certe ipse idem insipiens, cum audit hoc ipsum, quod dico, aliquid, quo nihil maius cogitari potest, intelligit, quod audit; et quod intelligit, in intellectu eius est, etiam si non intelligat illud esse. Aliud enim est rem esse in intellectu, aliud intelligere rem esse. Nam cum pictor praecogitat, quae facturus est, habet quidem in intellectu, sed nondum intelligit esse, quod nondum fecit: Cum vero iam pinxit, et habet in intellectu et intelligit esse, quod iam fecit. Convincitur ergo etiam insipiens esse vel in intellectu aliquid, quo nihil maius cogitari potest, quia hoc cum audit, intelligit, et quidquid intelligitur in intellectu est. Et certe id, quo maius cogitari nequit, non potest esse in solo intellectu. Si enim vel in solo intellectu est, potest cogitari esse et in re, quod maius est. Si ergo id, quo maius cogitari non potest, est in solo intellectu, id ipsum, quo maius cogitari non potest, est, quo maius cogitari potest; sed certe hoc esse non potest. Exsistit ergo procul dubio aliquid, quo maius cogitari non valet, et in intellectu et in re.

2 **quod . . . sit Deus** ~ *esse* (existieren) . . . *Deum* — **fidei**: (wohl) Dativ — **intellectus, -us** (*intellegere*): Verstand — **éxpedit** es nützt, es ist gut (*mihi*) — **intelligere** ~ *intellegere* — **quia** (h. statt AcI) **es** ~ *te esse* — **hoc**: Präd.-N. — **(aliqua talis) natura** Wesen, d. h. *aliquid, quo nihil maius cogitari potest* — **in-sipiens** // *sapiens* — **idem insipiens . . . intelligit, quod** („was") **audit** — **quod intelligit**: Subj. des folgenden Satzes — **illud esse** (abs.): daß dieses (Verstandene) Existenz hat — **pictor** (*pingere*): Maler — **prae-cogitare** — **facturus** ~ *picturus* — **nondum intelligit esse** (~ *intellegit nondum esse*: abs.), **quod nondum fecit** (~ *pinxit*; Subj. des vorausgehenden AcI) — **convincere** h. überzeugen — **vel** „gerade" — **in solo** ~ *solum in* — **esse** (abs.) **et in re** (auch in der Wirklichkeit) — **quod maius est** was größer ist/wäre — **(id ipsum) . . . est** (*aliquid*), **quo . . .** — **hoc esse non potest** das ist unmöglich — **procul** (*dubio*): ~ *sine* — **valet** ~ *potest*

Begleittext 8:

K. Jaspers, Was ist Philosophie?

(Einführung in die Philosophie, München 1958, S. 14 f.)

Was ist nun die Philosophie, die so universell und in so sonderbaren Gestalten sich kundgibt?
Das griechische Wort Philosoph (philosophos) ist gebildet im Gegensatz zum Sophos. Es heißt der die Erkenntnis (das Wissen) Liebende im Unterschied von dem, der im Besitze der Erkenntnis sich einen Wissenden nannte. Dieser Sinn des Wortes besteht bis heute: das Suchen der Wahrheit, nicht der Besitz der Wahrheit ist das Wesen der Philosophie, mag sie es noch so oft verraten im Dogmatismus, das heißt in einem in Sätzen ausgesprochenen, endgültigen, vollständigen und lehrhaften Wissen. Philosophie heißt: auf dem Wege sein. Ihre Fragen sind wesentlicher als ihre Antworten, und jede Antwort wird zur neuen Frage.
Aber dieses Auf-dem-Wege-Sein — das Schicksal des Menschen in der Zeit — birgt in sich die Möglichkeit tiefer Befriedigung, ja in hohen Augenblicken einer Vollendung. Diese liegt nie in einem aussagbaren Gewußtsein, nicht in Sätzen und Bekenntnissen, sondern in der geschichtlichen Verwirklichung des Menschseins, dem das Sein selbst aufgeht. Diese Wirklichkeit in der Situation zu gewinnen, in der jeweils ein Mensch steht, ist der Sinn des Philosophierens.
Suchend auf dem Wege sein, oder: Ruhe und Vollendung des Augenblicks finden — das sind keine Definitionen der Philosophie. Philosophie hat nichts Übergeordnetes, nichts Nebengeordnetes. Sie ist nicht aus einem andern abzuleiten. Jede Philosophie definiert sich selbst durch ihre Verwirklichung. Was Philosophie sei, das muß man versuchen. Dann ist Philosophie in eins der Vollzug des lebendigen Gedankens und die Besinnung auf diesen Gedanken (die Reflexion) oder das Tun und das Darüberreden. Aus dem eigenen Versuch heraus erst kann man wahrnehmen, was in der Welt als Philosophie uns begegnet.
Aber wir können weitere Formeln vom Sinn der Philosophie aussprechen. Keine Formel erschöpft diesen Sinn und keine erweist sich als die einzige. Wir hören aus dem Altertum: Philosophie sei (je nach ihrem Gegenstand) Erkenntnis der göttlichen und menschlichen Dinge, Erkenntnis des Seienden als Seienden, sei weiter (ihrem Ziel nach) Sterben lernen, sei das denkende Erstreben der Glückseligkeit, Anähnlichung an das Göttliche, sei schließlich (ihrem umgreifenden Sinne nach) das Wissen alles Wissens, die Kunst aller Künste, die Wissenschaft überhaupt, die nicht auf ein einzelnes Gebiet gerichtet sei.
Heute läßt sich von der Philosophie vielleicht in folgenden Formeln sprechen; ihr Sinn sei:
die Wirklichkeit im Ursprung erblicken —
die Wirklichkeit ergreifen durch die Weise, wie ich denkend mit mir selbst umgehe, im inneren Handeln –

uns aufschließen für die Weite des Umgreifenden —
Kommunikation von Mensch zu Mensch durch jeden Sinn von Wahrheit in liebendem Kampfe wagen —
Vernunft noch vor dem Fremdesten und vor dem Versagenden geduldig und unablässig wach erhalten.
Philosophie ist das Konzentrierende, wodurch der Mensch er selbst wird, indem er der Wirklichkeit teilhaftig wird.

Begleittext 9:

M. Forschner, Artikel „Gott"
(Lexikon der Ethik, hrsg. von Otfried Höffe u. a., München ²1980, S. 89—91)

Gott. Der Name G. ist der Philosophie in religiöser, dichterisch-mythischer u. umgangssprachlicher Rede vorgegeben. Das von ihm Bezeichnete wird im allgemeinen als Inhalt einer „Erfahrung" ausgegeben, in der der Mensch sich selbst u. seine Welt auf einen Grund bzw. ein Gegenüber hin übersteigt, der bzw. das sich als überwältigend, mächtig, gebietend, als planend, schaffend, ordnend, als richtend, strafend u. beseligend zeigt. Die vorphilosophische Auslegung dieser Erfahrung dokumentiert sich in Prädikatoren, die der jeweiligen Lebenswelt entnommen sind und die dem G. bestimmte Prädikate in unüberbietbarer Weise zusprechen (Licht, König, Herrscher, Vater, Liebe etc.).
Die philosophische Reflexion, die seit ihren Anfängen als Metaphysik die begriffliche Erhellung des Seienden im Ganzen intendiert, spricht von G. im Hinblick auf Grund u. Ziel der Welt, auf den letzten Grund der Wahrheit theoretischen u. praktischen Erkennens, auf das erfüllende Ziel alles Strebens u. Begehrens. Der G. als der unbewegte Grund aller Bewegung, als Schöpfer aller Ordnung, als reine Wirklichkeit, als nichtendliche Bedingung alles Bedingten u. Kontingenten (= das *Absolute*), als Prinzip der Wahrheit, als höchstes Gut fungiert in der prima philosophia von *Aristoteles* bis in die deutsche Schulphilosophie hinein als letzter Grund alles Seienden u. seiner Ordnung u. dementsprechend als vorzüglicher Gegenstand philosophischer Erkenntnisbemühung. In verschiedenen Verfahren (Gottesbeweise), die alle von einsichtig Gegebenem auf die notwendig vorauszusetzende unbedingte Bedingung des Gegebenen schließen, werden Existenz u. Wesen G.es zu erkennen u. zu bestimmen versucht.

Kants Metaphysikkritik hat diesen Versuchen den erkenntnistheoretischen Boden entzogen u. zugleich eine Möglichkeit eröffnet, das mit dem Wort G. Gemeinte auf neue Weise zu verstehen. Die G.idee ist eine Setzung der endlichen Vernunft, die in ihrer Totalisierungstendenz allem kontingent Wirklichen u. Möglichen einen absoluten Einheitsgrund unterstellt u. ihn „nach der Analogie der Realitäten in der Welt" mit den Prädikaten höchster Vollkommenheit auszeichnet, ohne freilich in ihrer auf erfahrungsmäßig Gegebenes (das je kontingent u. relational ist) beschränkten Erkenntnisfunktion einen der Idee korrespondierenden Gegenstand ausmachen zu können. G. ist ein „Gedankending einer sich selbst zu einem Gedankendinge constituierenden Vernunft" (Op. Post. XXI, 27), in der Erkennen u. Sein (Allmacht, Allwissenheit), Sollen u. Wollen (Heiligkeit), Begehren u. Haben (Glückseligkeit) ineinsfallen. Im Gegensatz zum *Atheismus,* der dieses Gedankending zu einer aus Defizienzerfahrungen entspringenden Chimäre macht, der keine Wirklichkeit entspricht, stellt es für *Kant* ein fehlerfreies Ideal dar, dessen objektive Realität weder bewiesen noch widerlegt werden kann (theoretischer Agnostizismus).

In den metaphysischen Systemen ist Erkenntnis u. Begründung sittlicher Verpflichtung aufs engste mit der Erkenntnis G.es verknüpft. Die Frage nach dem Verpflichtungsgrund moralischer Forderungen wird z. T. mit dem Verweis auf den souveränen u. heiligen Willen G.es beantwortet, das Ziel sittl. Handelns als beglückende Gemeinschaft mit G. bestimmt u. die Erkenntnis praktischer Gesetze an die Selbstoffenbarung göttlicher Absicht in seinen Werken (Naturordnung, Gewissen) gebunden. Das oberste Moralprinzip dieser theologischen Ethik bildet die Forderung, dem Willen G.es zu gehorchen, als Grundtugenden figurieren *Ehrfurcht* u. *Demut,* als Grundverfehlung die *Gottlosigkeit,* die als bewußtes u. willentliches Sichverschließen vor G. u. als stolzes Sich-auf-sich-selbst-Beziehen verstanden wird.

Wesentlich anders stellt sich das Problem einer Philosophie, die in der Bestimmung der Grenzen menschlicher Erkenntnisfähigkeit die G.frage als theoretisch unlösbar erweist u. den Anspruch des Sittengesetzes als Selbstverpflichtung vernünftiger Freiheit interpretiert. Moralität basiert dann allein auf Vernunft, G. wird Gegenstand des Glaubens, der den Verpflichtungsgrund sittl. Handelns unberührt läßt. Spezifisch neuzeitlich ist der Gedanke, daß nicht die Erkenntnis G.es die Moral, sondern das Sittengesetz den Glauben an G. begründen kann. In der französischen Aufklärung (vor allem bei *Voltaire, Rousseau*) dominiert die pragmatische Ansicht, daß Moralität, wenn auch allein im Anspruch der menschlichen Natur u. Vernunft begründet, bei den meisten Menschen der Unterstützung des Glaubens an einen richtenden G. im Jenseits bedarf, um eine ausreichende Triebkraft für menschliches Handeln zu werden. Die kantische Ethik enthält den Gedanken von einem „moralischen Beweise des Daseins G.", der dem 19. u. 20. Jh. vielfach als die einzig diskutable Argumentationsbasis im Zusammenhang des G.problems erscheint: die unparteiische Vernunft kann es nicht billigen, wenn Glück u. Tugend nicht ausgeglichen sind; in der erfahrbaren Ordnung der Natur ist die Verbindung beider jedoch kontingent. Das Bedürfnis der Vernunft nach einem System der Zwecke, in dem Sittlichkeit mit dem Inbegriff aller anderen Güter (zusammengefaßt als Glückseligkeit) eine synthetische Verbindung ausmachen (das höchste Gut), ist nur befriedigbar unter der Voraussetzung eines G.es, der die Folgen sittlichen Handelns mit dem von diesem unverfügbaren naturalen Geschehen in ein harmonisches Verhältnis zu bringen vermag. G. ist das Postulat einer auf Sinneinheit gerichteten endlichen Vernunft.

Lit.: Aristoteles, Physik VII—VIII; Metaphysik XII; Augustinus, De libero arbitrio; Anselm v. Canterbury, Monologion; Proslogion; Thomas v. Aquin, Summa theol. I, q. 2. a. 3; Descartes, Meditationes, III u. V; Leibniz, Theodizee; Chr. Wolff, Theologia naturalis; J. N. Tetens, Abhandlung von den vorzüglichen Beweisen des Daseins G.; I. Kant, Kritik d. reinen Vernunft, Transzendentale Dialektik, 3. Hauptstück; Kritik d. praktischen Vernunft I. Teil, 2. Buch, 3. Hauptstück; Die Religion innerhalb der Grenzen der bloßen Vernunft; J. G. Fichte, Wissenschaftslehre von 1804, Vorträge I—XV; Anweisung zum seligen Leben; L. Feuerbach, Das Wesen des Christentums; M. Scheler, Vom Ewigen im Menschen, Leipzig 31933; W. Schulz, Der G. der neuzeitlichen Metaphysik, Pfullingen 1957; D. Henrich, Der ontologische G.beweis, Tübingen 1960; T. O'Brien, Metaphysics and the Existence of G., Washington 1960; I.-H. Walgrave, L'existence de Dieu, Tournai 21963; W. Brugger, Theologia naturalis, Freiburg i. Br. 21964; H. Krings, Freiheit. Ein Versuch G. zu denken, Philos. Jahrb. Bd. 77, 1970; W. Weischedel, Der G. der Philosophen, Darmstadt 1971—72, 2 Bde.; H. Knudsen, G. im deutschen Idealismus, Berlin 1972.

M. F.

Begleittext 10:

H. Kushner, Wenn guten Menschen Böses widerfährt
(München 1983/Gütersloh 1986 [orig. amerik. New York 1981], S.72 u. 84f.)

Ich weiß nicht, warum mein Nachbar und Freund krank ist und dauernd leiden muß. Aus meiner religiösen Perspektive kann ich ihm nicht sagen, daß Gott schon Seine Gründe haben wird, um ihm das schreckliche Schicksal zu senden, oder daß Gott ihn ganz besonders liebt oder seine Tapferkeit bewundert, um ihm diese Prüfung zu schicken. Ich kann ihm nur versichern, daß Gott ihm dies Böse nicht geschickt hat und auch kein Wundermittel hat, das Er ihm vorenthält. Aber in dieser Welt, in der wir alle unsterbliche Seelen in einer sterblichen und verletzbaren Hülle haben, gibt *der* Gott, an den ich glaube, denjenigen Kraft und Mut, die — ungerecht und ohne eigenes Verschulden — Leid und Todesfurcht erdulden müssen. Ich kann meinen kranken Freund daran erinnern, daß er mehr ist als ein gelähmter Körper, mehr als ein Mensch mit einer schleichenden Krankheit. Er ist ein Mann mit einer liebevollen Ehefrau und liebenden Kindern, mit vielen Freunden und mit genug Seelenstärke, um ein lebendiger Mensch im wahrsten Sinne des Wortes zu bleiben, bis zu seiner letzten Stunde. (S. 72)
Das Christentum brachte der Welt die Vorstellung von einem Gott, der leidet, Seite an Seite mit einem Gott, der erschafft und regiert. Das nachbiblische Judentum sprach ebenfalls gelegentlich von einem Gott, der leidet, einem Gott, der heimatlos geworden ist und mit seinem vertriebenen Volk ins Exil geht, von einem Gott, der weint, wenn Er sieht, was Seine Kinder sich gegenseitig antun. Ich weiß nicht, was es für Gott bedeutet zu leiden. Ich glaube nicht, daß Gott einem Menschen wie mir vergleichbar ist, mit wirklichen Augen, die irdische Tränen weinen können, mit wirklichen Nervenenden, um Schmerz zu fühlen. Aber ich möchte gern glauben, daß die Qual, die ich fühle, wenn ich von den Leiden unschuldiger Menschen lese, Gottes Qual und Mitleid widerspiegelt, auch wenn Seine Art, Schmerz zu erdulden, nicht die unsere ist. Ich möchte gern glauben, daß meine Fähigkeit, Sympathie und Empörung zu empfinden, von Ihm kommt, und daß Er und ich auf der gleichen Seite sind, wenn wir auf seiten der Opfer stehen, und gegen die, die Ihn verletzen wollen.
Das letzte Wort in dieser Sache stammt von einem Überlebenden aus Auschwitz:
„Ich stellte niemals Gottes Tun oder Unterlassen in Frage, während ich in Auschwitz war, obwohl ich sehr gut verstehen konnte, daß andere es taten . . . Ich wurde nicht mehr oder weniger fromm durch das, was die Nazis uns antaten; und ich meine, mein Glaube an Gott wurde nicht im geringsten untergraben. Es fiel mir niemals ein, das Unglück, das wir erfahren mußten, mit Gott in Verbindung zu bringen, oder deshalb weniger an Ihn zu glauben oder gar aufzuhören, an Ihn zu glauben, weil Er uns nicht zu Hilfe kam. Gott ist uns so etwas in keiner Weise schuldig. Wir verdanken Ihm unser Leben.

Wenn jemand glaubt, Gott sei verantwortlich für den Tod von sechs Millionen, weil Er nichts unternahm, sie zu retten, denkt er völlig verkehrt. Wir verdanken Gott unser Leben, sei es für wenige, sei es für viele Jahre, und wir haben die Pflicht, Ihn zu verehren und so zu tun, wie Er es uns befiehlt. Dafür sind wir hier auf Erden: in Gottes Dienst zu stehen und Seine Gebote zu halten."
(Brenner, Glaube und Zweifel der Überlebenden des Holocaust.) (S. 84 f.)

Begleittext 11:

H. Jonas, Technik, Freiheit und Pflicht

(Rede zur Verleihung des Friedenspreises des Börsenvereins des Deutschen Buchhandels am 11. 10. 1987 in Frankfurt — abgedruckt in der Süddeutschen Zeitung vom 12. 10. 1987, S. 35; Auszug.)

Aus der Euphorie des faustischen Traumes sind wir ins kalte Tageslicht der Furcht erwacht. Es darf nicht das des Fatalismus sein. Nie darf apokalyptische Panik uns vergessen machen, daß die Technik ein Werk der uns Menschen eigenen Freiheit ist. Taten dieser Freiheit haben uns zum gegenwärtigen Punkt gebracht. Taten derselben Freiheit — die sie bleibt trotz der selbstgeschaffenen Zwänge zum Fortfahren auf der eingeschlagenen Bahn — werden über die globale Zukunft entscheiden, die zum ersten Mal in ihren Händen liegt . . .
Ausgestattet mit doppelter Freiheit, geistiger und leiblicher, betritt der Mensch seine Bahn und breitet seine Kunstwelt als Werk dieser Freiheit in der Naturwelt aus. So will es seine eigene Natur, und die übrige Natur muß es erleiden . . .
Mit der einseitigen Überlegenheit seiner nicht mehr natürlichen, sondern künstlichen Waffen ist der Mensch aus dem Kreis symbiotischen Gleichgewichts ausgebrochen. Er rottet aus, wo bisher der Streit nur Schranken setzte. Er gibt nicht mehr brauchbar zurück, was er dem Ganzen nimmt. So treibt er Raubbau an ihm. Im *Erwerb* seiner Übermacht war er sehend, ist sie doch ein Werk immer höherer erfinderischer Intelligenz; in ihrem *Gebrauch* war er blind und konnte es so lange bleiben, wie die Strafen der Erde immer noch vom Lohn der Siege überglänzt wurden. Diese lange Schonzeit der Blindheit ist vorbei. Das Verhältnis von Mensch und Natur ist in eine neue Phase eingetreten.
Was ist das Neue, und wie kam es dazu? Ein Faktor ist der biologische unserer rasanten Vermehrung, deren organischer Bedarf allein die planetarischen Nahrungsquellen zu überfordern droht. Aber dem liegt schon ein ganz und gar Unorganisches zugrunde: der qualitative Sprung in unserer technologischen Macht, den der kaum zweihundert Jahre alte Bund zwischen Technik und exakter Naturwissenschaft bewirkte. Durch dies epochale, einzigartig westliche Praktischwerden reiner Theorie ist die Überle-

genheit des Menschen so einseitig geworden, seine Eingriffe nach Größenordnung, Art und Tiefgang so bedrohlich für das Ganze jetziger und zukünftiger Erdnatur, daß die Freiheit auch hierin endlich sehend werden mußte. Sie sieht: der zu große Sieg bedroht den Sieger selbst.

Das qualitativ Neue sei an einem einzigen Beispiel illustriert, das auch erklärt, was ich mit dem neuen „Tiefgang" unserer Eingriffe meine. Alle vormoderne Technik war makroskopisch, wie es das älteste Werkzeug war und heute noch die Maschine ist. Mit den Größen der sichtbaren Körperwelt arbeitend, hielt sich die Technik sozusagen noch an die Oberfläche der Dinge. Seither ist sie in die molekulare Ebene hinabgestiegen. Diese kann sie jetzt manipulieren, von dorther nie gewesene Stoffe erbauen, Lebensformen ändern, Kräfte freisetzen. Nie vorher ist Kunst der Natur so in ihren Elementen zu Leibe gegangen. Vom Untersten her regiert sie jetzt das Oberste, vom Kleinsten das Größte.

Dies Schöpfertum am „Kerne" bedeutet mit neuer Macht neue Gefahr. Eine ist die Belastung der Umwelt mit Substanzen, die ihr Stoffwechsel nicht bewältigen kann. Zur mechanischen Verwüstung tritt chemische und radioaktive Vergiftung hinzu. Und in der Molekularbiologie erscheint die prometheische Versuchung, vom Keime her verbessernd an unserem eigenen „Bilde" zu basteln.

Die gesteigerte Macht entstammt also gesteigertem Erkennen. Dasselbe Erkennen nun, das *in* der Technik waltet, setzt uns auch instand, ihre globalen und künftigen Auswirkungen zu errechnen. Dafür sehend gemacht, muß die Freiheit erkennen: durch sie selbst steht das Ganze auf dem Spiel, und sie allein ist dafür verantwortlich. Damit komme ich von Wurzel und Macht zur Pflicht unserer Freiheit.

Daß sie sich Grenzen setzt, ist erste Pflicht aller Freiheit, ja, die Bedingung ihres Bestands, denn nur so ist Gesellschaft möglich, ohne die der Mensch nicht sein kann und auch nicht seine Herrschaft über die Natur. Je freier die Gesellschaft selber ist, je weniger also die natürliche Gattungsfreiheit durch die Herrschaft von Mensch über Menschen beeinträchtigt wird, desto evidenter und unerläßlicher wird im zwischenmenschlichen Verhältnis die Pflicht freiwilliger Begrenzung.

Vergleichbares nun tritt ein im Verhältnis der Menschheit zur Natur. Wir sind freier darin geworden durch unsere Macht, und eben diese Freiheit bringt ihre Pflichten mit sich, diesmal allerdings einseitige. Schritthaltend mit den Taten unserer Macht, reicht unsere Pflicht jetzt über den ganzen Erdkreis und in die ferne Zukunft. Sie ist unser aller Pflicht, denn wir alle sind Mittäter an den Taten und Nutznießer an den Gewinnen der kollektiven Macht. Jetzt und hier, so sagt uns die Pflicht, sollen wir unsere Macht zügeln, also unseren Genuß kürzen, um einer künftigen Menschheit willen, die unsere Augen nicht mehr sehen werden. Ist unsere moralische Natur auch dafür ausgerüstet, wie sie es für das zwischenmenschliche Nahverhältnis ist? Gerechtigkeit, Achtung, Mitleid, Liebe — Impulse dieser und ähnlicher Art, die in uns schlummern und im konkreten Miteinander wachgerufen werden, helfen uns da aus der Enge der Selbstsucht heraus. Nichts Ähnliches ruft der

abstrakte Inbegriff hypothetischer künftiger Menschenwesen in uns hervor; und erst recht nicht das Sein der außermenschlichen Natur.
Aber wir haben die Idee der *Verantwortung,* sind stolz auf die Fähigkeit dazu; und das tief in uns angelegte Gefühl dafür, so urtümlich bekundet im Eltern-Kind-Verhältnis, wo es mit seiner Sorge bereits über alle Unmittelbarkeit hinaus in eine gar nicht mehr eigene Zukunft reicht: dies Gefühl, zur Idee erweitert, kann die Brücke von der Nächstenethik zu dem Fernen, nur Vorgestellten schlagen, das noch mit keiner Stimme zu uns sprechen kann — von dem aber bekannt ist, daß es in die Willkür unserer Macht geraten ist. Verantwortung sagt, daß es ihr darum anvertraut ist.
Wer so spricht, muß sich allerdings die Frage gefallen lassen, die sich beim Säugling in der Wiege gar nicht erst stellt, ja, pervers wäre: warum denn überhaupt dies Spätere sein soll — in unserem Fall: eine Menschheit auf Erden? Ja, Leben überhaupt? Mit der von mir versuchten Antwort darauf will ich Sie nicht plagen, sondern hier einfach Ihre Zustimmung unterstellen, gegen Schopenhauer, Buddha, Gnostiker und Nihilisten, daß die in endloser Werdemühe entstandene Vielfalt des Lebens als ein Gutes oder ein „Wert an sich" anzusehen ist und die zuletzt daraus hervorgegangene Freiheit des Menschen als Gipfel dieses Wertwagnisses. Das stellt den Träger dieser Auszeichnung mit seiner Macht, die jetzt erkennbar das Ganze gefährdet, unter die besagte Pflicht. So erhält die Ethik zum ersten Mal eine quasi kosmische Dimension, über alles Zwischenmenschliche hinaus.

Begleittext 12:

W. Pannenberg, Der Gottesgedanke

(Metaphysik und Gottesgedanke, Göttingen 1988, S. 24)

Ich bezweifle, daß mit der Idee des höchst Vollkommenen schon der Gottesgedanke erreicht ist. Der Gottesgedanke hat in jedem Fall eine erheblich höhere Bestimmtheit, als sie der allgemeinen Vorstellung eines höchst Vollkommenen eignet: Der Gottesgedanke ist nicht ablösbar von den Momenten einer wie auch immer verstandenen Personalität und eines irgendwie gearteten Willens. Deshalb ist die Idee eines höchst Vollkommenen als solche noch nicht mit dem Gottesgedanken identisch. Allerdings, wenn aus anderen Gründen der Gottesgedanke, und zwar in monotheistischer Fassung, gegeben ist und dann der Gedanke eines höchst Vollkommenen gebildet wird, außerdem die Frage aufgeworfen wird, wem solche höchste Vollkommenheit wohl zuzuerkennen ist, dann dürfte klar sein, daß sie nur dem einen Gott zuerkannt werden kann. So ist Anselms These zu verstehen, Gott sei dasjenige, *quo maius cogitari nequit*: Dieser Satz *definiert* nicht den Gottesgedanken, sondern setzt ihn schon voraus und *prädiziert* von ihm die höchste Vollkommenheit.

Ergänzungswortschatz

1. Cicero, De natura deorum

			(erstes Auftreten)
administrā-tiō	Wb	Verwaltung, Leitung, Lenkung	1, 2
aegri-tūdō (animī)	Wb	(seelischer) Kummer, Leid	1, 9
animāns (*anima*)		beseelt, belebt; (subst.) Lebewesen	1, 123
aptus (*apiō*)		verbunden, zusammenhängend	1, 9
átomus, -ī f. (gr.)		Atom („unteilbar“)	1, 54
autem		(Beginn des Untersatzes) nun aber	2, 30
bené-ficus (*bene* + *facere*)		wohltätig	1, 122
caerimōnia		Kulthandlung, Zeremonie	1, 61
castus (*carēre*)		enthaltsam, rein (lauter)	1, 3
commentīcius (*comminīscī*)		erdacht, erfunden, fingiert	1, 18
commodi-tās	Wb	Bequemlichkeit, Annehmlichkeit	2, 13
cō-nectere		verknüpfen, verbinden	2,29
cōnstant-ia (*cōnstāns*)	Wb	Gleichmäßigkeit, Konsequenz	1, 1
con-turbāre (*turbāre*)		in (völlige) Unklarheit stürzen	1, 61
cónvenit (abs.)		es paßt/reimt sich zusammen	2, 79
cūri-ōsus	Wb	neugierig, (über)eifrig	1,10
dī		= *deī*	1, 4
dīcere (z. B. *sōlem dīcō*)		auch: meinen	2, 73
disciplīna		auch: Lehre, Philosophenschule	1, 6
dissēn-siō (*dissentīre*)	Wb	unterschiedliche Meinung	1, 2
dubitā-tiō (*dubitāre*)	Wb	das Zögern, Bedenken	1, 1
dūcere ab/ex		ableiten von	1, 122
efficere (als philos. t. t.)		beweisen, dartun, schließen	2, 32
et (hic/is) quidem		und zwar	1, 4
explōrātus		erforscht, sicher, deutlich	1, 1
fábrica (*fabricārī*)		Bau, Gestalt(ung), Kunstfertigkeit	1, 19
fortuītus		zufällig, durch Zufall entstanden	2, 15
haruspex, -icis		Opferschauer, Eingeweideschauer	1, 55
ī (Dat./Abl. *īs*)		= *iī*, (*iīs*)	1, 2
īdem/et īdem/īdemque		(und) zugleich/dabei, dann wieder	1, 121
imbēcilli-tās	Wb	Schwäche	1, 122
indīviduus (subst. **-um**)		unteilbar; Atom, Individuum	1, 67
īn-formāre		einprägen	2, 13

in-nātus	(in uns) entstanden, natürlich	1, 44
in-numerā-bilis Wb	unzählig	1, 53
īn-sculpere (-psī, -ptum)	einmeißeln, einprägen	1, 45
is-que/et is (*quidem*)	und zwar	2, 15
ita	auch: daher, folglich	1, 110
locus	auch: Gebiet, Thema	2, 73
nātūra	1. Naturkraft	1, 53
	2. (die gesamte) Natur	2, 29
	3. (einzelnes Lebe-)Wesen	1, 123
	4. Wesen (einer Person od. Sache)	1, 1
nē (Versicherungspartikel)	wahrlich, ja	1, 52
necesse est + Konj.	er . . . muß (notwendigerweise)	1, 68
nec/neque vērō	und freilich/wirklich nicht	1, 10
nīmīrum (*mīrus*)	freilich, allerdings, zweifellos	1, 123
nōtiō (*nōscere*)	Vorstellung, Begriff	1, 43
opi-fex, -icis (*opus+facere*)	Handwerker, Urheber	1, 18
per-lūcidus (*lūcēre*) Wb	durchsichtig, leuchtend, klar	1, 123
per-obscūrus Wb	sehr dunkel	1, 1
per-ōrāre	einen Vortrag halten; abschließen	2, 154
perturbā-tiō Wb	Verwirrung, Beunruhigung	1, 3
portentum (*portendere*)	Wunder(zeichen), Mißgeburt	1, 18
prae-sēnsiō (*sentīre*) Wb	Vorahnung	2, 13
praestāns (*praestāre*)	vortrefflich, überlegen	1, 45
prō-vident-ia(*prōvidēre*)	Vorsehung	1, 18
quaestiō	Frage; (philos.) Problem(kreis)	1, 1
quī? (z. B. *quī convenit?*)	wie?	2, 79
quīdam (bei Adj.)	ganz (steigernd)	1, 9
quod sī	wenn nun, wenn aber	2, 3
ratus (pass.)	ausgemacht, gültig; klar festgelegt	1, 10
religiō (auch Pl.)	Götterverehrung	1, 1
sacrĭ-legus (*sacrum+legere*)	Tempelräuber, Frevler	1, 63
sancti-tās (*sanctus*) Wb	Sittenreinheit, Frömmigkeit	1, 3
sānē (Adv., steigernd)	ganz, recht, gewiß	1, 15
sequitur + *ut* (selten + AcI)	daraus folgt, daß	2, 75
sī quidem	wenn wirklich, sofern	2, 77
sollertia (*sollers* geschickt)	Geschick(lichkeit)	1, 53
superstitiō (*superstes*)	Aberglaube	1, 45
velle (als philos. t. t.)	(die These) vertreten, behaupten	1, 64
vicissitūdō (*vicis*)	Wechsel, Wiederkehr	1,52

2. Seneca, Epistulae morales

			(erstes Auftreten)
aliō-quī(n) Adv.		sonst, im übrigen	20, 11
ál-loquī (*-or, allocūtus sum*)		anreden	107, 10
an (nkl. ~ *num*)		ob (+ indir. Fragesatz)	20, 11
calēre (*calidus*)		warm/heiß sein	41, 3
cēterum (Adv.): nkl.		~ *sed, autem* (bzw. „und")	89, 9
circum-spicere (*-iō*) *alqd*		Ausschau halten; überlegen	16, 7
cōn-summāre		zur höchsten Vollendung bringen	74, 20
con-tubernium (*taberna*)		Zeltgenossenschaft, Umgang mit	20, 10
disertus, -a, -um		beredt, klar	107, 10
ef-fēmināre (*fēmina*)		verweichlichen	51, 10
ex-perī-mentum	Wb	„Mittel zur Erprobung", Beweis	20, 1
fēlīci-tās (*fēlīx*)	Wb	Glück	20, 8
flūctuārī (*flūctus*)		wogen; im Meer treiben; schwanken	16, 3
frūgālis, -e (*frūgēs*)		sparsam; besonnen	20, 3
fugāx, -ācis (*fugere*)		flüchtig, unbeständig	74, 18
gubernā-culum (*-āre*)	Wb	Steuerruder	16, 3
ím-piger, -gra, -grum	Wb	unverdrossen, fleißig	107, 10
piger, -gra, -grum		verdrossen, faul	70, 16
in-domitus, -a, -um	Wb	unbezwungen, unbezwinglich	74, 21
in-trepidus, -a, -um	Wb	unerschrocken, furchtlos	16, 3
in hoc (Akk.) . . . **ut** (nkl.)		zu dem Zweck/dazu . . . daß	16, 3
licet + Konj. (Konzessiv)		mag auch	20, 5
mūnus-culum	Wb	kleines Geschenk	16, 7
nōn (oft bei dir. Fragen)		~ *nōnne*	20, 7
nōn . . . tantum . . ., sed		~ *nōn sōlum . . ., sed etiam*	16, 8
num-quid		ob etwa (+ indir. Fragesatz)	20, 3
parsi-mōnia (*párcere*)		Sparsamkeit	74, 19
per-sevērāre (*sevērus*)		beharren (bei)	16, 1
prae-cordia, -ōrum (*cor*)		Eingeweide; (nkl.) Brust, Herz	20, 1
prēndere		~ *prehendere*	20, 3
prōpositum		Vorsatz, (gesetztes) Ziel	16, 1
prōvidentia (↗ 1. Cic.)		Vorsehung	16, 6
quid-nī (+ Konj.) . . .?		warum . . . nicht . . .?	20, 10
scrūtārī		erforschen, untersuchen	89, 9
sē-cūri-tās (*sēcūrus*)		Sorglosigkeit	20, 12

sēgnis, -e	träg	74, 1
stāgnum	See, Teich	41, 3
tranquilli-tās (*tranquillus*)	Ruhe, Stille	70, 3
trūdere	stoßen, treiben	74, 21

3. Wichtige Elemente der Wortbildung

Bildungs-element	bezeichnet bei	Bedeutung	Grund-wort	Beispiel	Stelle bei Cic. (= C) bzw. Sen. (= S)
-ātus	Adj.	Ausstattung	Subst.	*coloratus*	S 16, 2
-bilis	Adj.	Möglichkeit	Verbum	*mirabilis*	C 1, 6
-culum	Subst.	Mittel	Verbum	*gubernaculum*	S 16, 3
		Verkleinerung	Subst.	*munusculum*	S 16, 7
-eus	Adj.	Material	Subst.	*igneus*	C 2, 28
-ia **-itia**	Subst.	Eigenschaft	Adj.	*constantia* *tristitia*	C 1, 1 S 74, 4
im- **in-**	Adj.	Gegenteil	Adj.	*impiger* *intrepidus*	S 107, 10 S 16, 3
-mentum	Subst.	Mittel	Verbum	*experimentum*	S 20, 1
-ōsus	Adj.	Fülle	Subst.	*curiosus*	C 1, 10
per-	Adj.	Steigerung	Adj.	*perdifficilis*	C 1, 1
-tas	Subst.	Eigenschaft	Adj.	*sanctitas*	C 1, 3
-tiō **-siō**	Subst.	Handlung/ Ergebnis	PPP	*curatio* *assensio*	C 1, 2 C 1,1
-tor **-trīx**	Subst.	Täter Täterin	PPP	*obiurgator* *moderatrix*	C 1, 5 S 74, 19
-tūdō	Subst.	Eigenschaft	Adj.	*aegritudo*	C 1, 9

Philosophische Grundbegriffe

		Cicero	Seneca
affectus (πάθος/páthos)	Leidenschaft		51,8
amīcitia (φιλία/philía)	Freundschaft	1, 122	
animāns	belebt(es Wesen)	2, 32	
animus (1. ψυχή/psychḗ); 2. πνεῦμα/pneúma)	1. Seele, Geist 2. Geist	2, 32 1, 1	51, 8 41, 8
anticipātiō (πρόληψις/ prólēpsis)	Vorbegriff	1, 43 f.	
ars (τέχνη/téchnē)	Kunst, Wissenschaft	2, 82	16, 8
átomus (ἄτομος/átomos)	Atom	1, 54	
beātus (εὐδαίμων/ eudaímōn)	glücklich	1, 45	74, 5
vīta beāta (εὐδαιμονία/ eudaimonía)	Glück(seligkeit)	1, 53	74, 1
bonum (ἀγαθόν/agathón)	gut, Gut, das Gute	1, 51	74, 1
cāsus (τύχη/týchē)	Zufall	2, 94	16, 4 f.
causa (αἰτία/aitía)	Grund, Ursache	1, 55	
cognitiō	1. (Er-)Kenntnis 2. Begriff	1, 1 1, 44	
commodum	Vorteil, Nutzen	1, 16	74, 17
cupīdō/cupiditās	Verlangen, Begierde	2, 70	16, 9
disciplīna	(phil.) Lehre, Schule	1, 6, 16	
dīvīnātiō (μαντική/ mantikḗ)	Wahrsagekunst	1, 55	
doctrīna	Lehre	1, 7	
fātum (εἱμαρμένη/ heimarménē)	Schick(sfügung)	1, 55	107, 11
fēlīcitās	Glück		74, 16
fortūna (τύχη/týchē)	1. Zufall 2. Schicksal	2, 93	74, 6 f.; 51, 8 f.
habitus (διάθεσις/ diáthesis)	(feste) Haltung		16, 6
honestum (καλόν/kalón)	sittlich gut	1, 16	74, 1
ināne (κενόν/kenón)	(leerer) Raum	1, 54	
incommodum	Nachteil		74, 9 f.
indifferentia (ἀδιάφορα/ adiáphora)	gleichgültige Dinge		74, 16
indīviduum (ἄτομος/ átomos)	unteilbar, Atom	1, 67	

intellegentia	Einsicht	2, 32	
lībertās	(innere) Freiheit	1, 56	51, 9
māteria (ὕλη/hýlē)	Stoff, Materie	2, 81	
meditārī/meditātiō	(Ein)üben/Übung		16, 1
mēns (νοῦς/nūs)	Geist, Vernunft	1, 53	
mēns bona	rechte Einsicht		16, 1
(philosophia) mōrālis (ἠθική/ēthikḗ)	Ethik		89, 9
mundus (κόσμος/kósmos)	Welt(ordnung)	1, 18	
nātūra (φύσις/phýsis)	Natur		
(z. B. similis pārque nātūra)	1. Naturkraft	2, 28	
(z. B. nātūra [rērum])	2. (gesamte) Natur	2, 29	107, 8
(z. B. animāns nātūra)	3. (einzelnes) Wesen	1, 123	
(z. B. nātūra deōrum)	4. Wesen, Eigenart	1, 1	
secundum nātūram vīvere	nach der Natur leben		41, 9
nātūrālis (philosóphia)	Naturphilosophie, Physik		89, 9
necessitās	1. Notwendigkeit	1, 55	51, 9
	2. (äußerer) Zwang		20, 11
nōtiō	Vorstellung, Begriff	1, 43	
ōrdō (mundī)	(geregelte) Ordnung	2, 15, 81	107, 12
perturbātiō (πάθος/páthos)	Leidenschaft		74, 6
philosophārī	philosophieren	1, 6	16, 5
philosóphia (φιλοσοφία/philosophía)	1. Philosophie	1, 1, 6	16, 3
	2. philos. Richtung	1, 16	
philósophus (φιλόσοφος/philósophos)	Philosoph	1, 6	
phýsicus (φυσικός/physikós)	naturphilosophisch	2, 70	
prīncipātus (ἡγεμονικόν/ hēgemonikón)	leitendes Prinzip	2, 79	
prīncipium (ἀρχή/archḗ)	Anfang; Grundlage	2, 32	
probābile	wahrscheinlich	1, 12	
prōducta (προηγμένα/proēgména)	vorgezogene Dinge		74, 17
prōvidentia (πρόνοια/prónoia)	Vorsehung, Fürsorge	1, 18	74, 10
prūdentia	Klugheit, Weisheit	2, 79 f.	74, 19
(im-)pulsus	Druck, Stoß	2, 32	

quaestiō	(philos.) Problem	1, 1, 2	
quālitās (ποιότης/poiótēs)	Qualität	2, 94	
ratiō (λόγος/lógos)	Verstand, Überlegung,	1, 4, 62	74, 20
	Methode, Theorie	1, 7, 20	
ratiōnālis (philosóphia)	Logik, Dialektik		89, 9
religiō	Gottesverehrung	2, 71 f.	
sapiēns (σοφός/sophós)	Weise(r); Philosoph	1, 1	20, 2
sapientia (σοφία/sophía)	Weisheit; Philos.	1, 51	20, 5
sēcūritās	(innere) Sicherheit	1, 53	16, 3
sēnsus	Sinn(eswahrnehmung), Empfindung	1, 19	74, 16
sententia	(phil.) Lehrmeinung	1, 1, 11	
spīritus (πνεῦμα/pneúma)	Geist		41, 2
superstitiō	Aberglaube	2, 70 ff.	
tranquillitās animī (γαλήνη/galḗnē)	Seelenruhe		16, 3
ūniversum	(ins)gesamt, das All	2, 32	16, 5
vērum/vēritās (ἀλήθεια/alḗtheia)	Wahrheit	1, 60 f.	89, 9
virtūs (ἀρετή/aretḗ)	Tüchtigkeit, Tugend	1, 51	74, 19
vitium	Fehler, Laster		51, 13
voluntās (bona)	(guter) Wille		16, 1
voluptās (ἡδονή/hēdonḗ)	Lust, Vergnügen	1, 51	51, 13

Historisch-literarische Grunddaten

v. 585	Thales (1. Vorsokratiker) berechnet eine Sonnenfinsternis voraus.
480	Höhepunkt der Perserkriege (Sieg bei Salamis) — etwa damals Tod der Philosophen Pythagoras, Xenophanes und Heraklit.
431-404	Peloponnesischer Krieg — Blütezeit der Sophisten.
399	Sokrates' Verurteilung; Verselbständigung der Sokratiker.
387	Platon, Schüler des Sokrates, gründet seine Akademie.
335	Aristoteles, Lehrer Alexanders d. Gr., gründet seinen Peripatos.
323	Alexander †; Zerfall seines Reiches; Beginn des Hellenismus.

ca. 300	Schulgründungen des Epikur und des Zenon (Stoa).
168	Polybios wird Scipios Lehrer; griech. Einfluß in Rom.
155	Griech. Philosophen (u. a. Karneades) in Rom; Catos Widerstand.
146	Zerstörung von Karthago und Korinth — kurz darauf kommt Panaitios nach Rom und wird Scipios Freund und Begleiter.
129	Scipio Aemilianus, Haupt des „Scipionenkreises", †; Cic. ist ihm durch seine Lehrer und Vorbilder (Redner Crassus) verbunden.
88/7	Im 1. Mithridatischen Krieg kommen Philon von Larissa (Akadem.) und Poseidonios (Stoiker) nach Rom: Einfluß auf Cicero.
70	Cic. wird im Prozeß gegen Verres zum führenden röm. Redner.
63	Cic. deckt als Konsul Catilinas Verschwörung auf: pater patriae.
55—51	Cic. gibt das Lehrgedicht von Lukrez de rerum natura heraus — 1. Phase von Ciceros rhetorisch-philosophischer Schriftstellerei: de oratore; de re publica; de legibus.
46—44	Cäsars Alleinherrschaft und Tod (am 15. März 44) — 2. Phase von Ciceros rhetorisch-philosophischer Schriftstellerei:
46	Brutus; Paradoxa Stoicorum; orator.
45	Hortensius (Fragment); de finibus; Academica; Tusculanen.
44	de nat. deor.; Cato m.; de divinat.; de fato; Laelius; de officiis.
44—43	Ciceros 14 Reden gegen Antonius (Philippicae), 43 Cic.' Tod.
31	Schlacht bei Actium — Beginn des Prinzipats.
n. 41—54	Kaiser Claudius — Seneca verbannt, ab 49 Erzieher Neros.
54—68	Kaiser Nero; Senecas Einfluß dauert bis zur Entlassung 62.
62—65	Senecas Alterswerk: de providentia; naturales quaestiones; epistulae morales; 65 Selbstmord — ca. 64 Petrus und Paulus †.
135	Stoiker Epiktet („Handbüchlein") †.
180	Stoiker Marc Aurel („Selbstbetrachtungen") †.
313	Sog. Toleranzedikt von Mailand: Kaiser Konstantin und sein Schwager Licinius gewähren den Christen des Röm. Reichs völlige Religions- und Kultusfreiheit, ihren Gemeinden Vermögensersatz.
383	Hieronymus beginnt seine lat. Bibelübersetzung („Vulgata").
387	Augustinus' Taufe nach Lektüre von Cic.' Hortensius und Abfassung von Contra Academicos; später: confessiones; de civitate Dei (nach Roms Plünderung 410; Geschichtsphilosophie).
397	Ambrosius †; de officiis ministrorum nach Cic. de officiis.
5. Jh.	Nachblüte der Akademie (Wirken des Neuplatonikers Proklos).
524	Boethius †; consolatio philosophiae im Gefängnis verfaßt.
529	Kaiser Justinian läßt die athen. Akademie (einzig noch bestehende Philosophenschule) schließen — Benedikt gründet Monte Cassino; regula S. Benedicti (grundlegende Ordensregel).

Namensliste wichtiger antiker Philosophen

(Nach dem Geburtsort folgt vielfach das Land; dabei meint KA Kleinasien — eine einzelne Zahl bedeutet das Todesjahr; das Geburtsjahr ist vielfach schlechter bezeugt und weniger wichtig; v./n. bei Einzelzahlen besagt vor bzw. nach Christus — VS = Vorsokratiker — → meint Gründer der/des . . . — gelegentlich folgt ein Stichwort zur Lehre — die Zahlen am Ende verweisen auf die Einleitung.)

Anaxagoras aus Klazomenai	(428 v.)	VS; nūs; Dualismus	1
Antiochos von Askalon	(ca. 68 v.)	Akademiker (Cicero!)	3.3
Antisthenes aus Athen	(360 v.)	→ Kyniker	2.2
Arkesilaos aus Pitane/KA	(240 v.)	Mittlere Akademie	3.3
Aristipp(os) von Kyrene/Afrika	(ca. 366 v.)	→ Kyrenaiker; Lust	2.2
Aristoteles aus Stageira/Maked.	(384—322)	→ Peripatos	2.3
Augustinus aus Thagaste/Afr.	(354—430)	lat. Kirchenlehrer	5.3
Boethius	(524 n.)	Neuplatoniker	2.3
(M. Porcius) Cato Uticensis	(46 v.)	Stoiker	3.2
Chrysipp(os) aus Soloi/KA	(ca. 205 v.)	Alte Stoa; 2. Gründer	3.2
(M. Tullius) Cicero	(43 v.)	Akademiker (Stoiker)	5
Demokrit(os) aus Abdera	(ca. 370 v.)	VS; wichtig f. Epikur	1
Empedokles aus Akragas	(ca. 423 v.)	VS; 4 Elemente	1
Epiktet(os) aus Hierapolis/KA	(ca. 135 n.)	Jüngere Stoa	3.2
Epikur(os) aus Samos	(341—270)	→ Epikureer	3.1
Heraklit(-eitos) aus Ephesos	(6./5. Jh.)	VS; wichtig f. d. Stoa	1
Karneades aus Kyrene/Afrika	(129/8 v.)	Neue Akademie	3.3
Kleanthes aus Assos/KA	(ca. 232 v.)	Alte Stoa	3.2
Kritias aus Athen	(404/3 v.)	Politiker, Sophist	1
T. Lucretius Carus („Lukrez“)	(55 v.)	Epikureer; Dichter	3.1
Marc(us) Aurel(ius)	(180 n.)	röm. Kaiser, Stoiker	3.2
Panaitios aus Rhodos	(ca. 100 v.)	Mittlere Stoa	4
Parmenides aus Elea/Italien	(6./5. Jh.)	VS; betont das Sein	1
Philon von Laris(s)a/Thess.	(ca. 85 v.)	Akademiker (Cicero!)	3.3
Platon aus Athen	(427—347)	→ Akademie	2.2
Plotin aus Ägypten	(270 n.)	Neuplatoniker	2.2
Poseidonios aus Apameia/Syr.	(50 v.)	Mittlere Stoa	4
Protagoras aus Abdera/Thrak.	(416 v.)	Sophist	1
Pyrrhon von Elis/Peloponnes	(ca. 270 v.)	Skeptiker	3.3
Pythagoras aus Samos	(ca. 480 v.)	VS; Zahl	1
L. Annaeus Seneca	(65 n.)	Lehrer Neros; Stoiker	6
Sokrates aus Athen	(399 v.)	Lehrer Platons	2.1
Thales von Milet/KA	(7./6. Jh.)	VS; Wasser	1
Xenophanes aus Kolophon/KA	(ca. 480 v.)	VS; erster Monotheist	1
Zenon aus Kition/Zypern	(262 v.)	→ Stoiker	3.2